心を交わす人工知能

言語・感情・倫理・ユーモア・常識

共著

荒木　健治
ARAKI Kenji

ジェプカ・ラファウ
RZEPKA Rafal

プタシンスキ・ミハウ
PTASZYNSKI Michal

ディバワ・パヴェウ
DYBALA Pawel

森北出版株式会社

●本書のサポート情報を当社 Web サイトに掲載する場合があります．下記の URL にアクセスし，サポートの案内をご覧ください．

http://www.morikita.co.jp/support/

●本書の内容に関するご質問は，森北出版 出版部「(書名を明記)」係宛に書面にて，もしくは下記の e-mail アドレスまでお願いします．なお，電話でのご質問には応じかねますので，あらかじめご了承ください．

editor@morikita.co.jp

●本書により得られた情報の使用から生じるいかなる損害についても，当社および本書の著者は責任を負わないものとします．

■本書に記載している製品名，商標および登録商標は，各権利者に帰属します．

■本書を無断で複写複製（電子化を含む）することは，著作権法上での例外を除き，禁じられています．複写される場合は，そのつど事前に(社)出版者著作権管理機構（電話 03-3513-6969，FAX 03-3513-6979，e-mail：info@jcopy.or.jp）の許諾を得てください．また本書を代行業者等の第三者に依頼してスキャンやデジタル化することは，たとえ個人や家庭内での利用であっても一切認められておりません．

はじめに

　最近，人工知能の発達が目覚ましい．1997 年に IBM が開発したディープブルーというシステムが，チェスの世界チャンピオンに勝ったのをはじめ，将棋や囲碁でもプロ棋士との対戦で勝利を収め，クイズでも IBM の開発したワトソンがチャンピオンになるなど，個々のタスクの専門家としての能力は人間の能力を超えてきていると言っても過言ではない．

　一方，人間の持つ知能を丸ごと実現する研究も進んでいる．人工知能が人間の知能を超えることにより，その後の技術の進化が予測できなくなるシンギュラリティ（技術的特異点）という概念まで言及されており，一説にはその到来は 2045 年だとされる．

　このように発展が目覚ましい人工知能に対して，人間の仕事を奪うのではないかとか，ついには人類を滅ぼしてしまうのではないかということを心配する人も多い．なかでも，本書の主題でもある「人工知能が心を持つのか」というテーマは，とても高い関心を集めている．しかし，実際に人工知能がどのような能力を持ち，今後どのように発達していくのかについて，科学的な知見をもとに解説した書籍は少ない．

　筆者らは，このことが人々の不安を必要以上にかき立ててしまっていると考える．いたずらに危険性をセンセーショナルにあおるのではなく，多くの人が科学的な知見をもとに判断するということが，明るい未来をつくるには欠かせないだろう．

　第 3 次人工知能ブームと言われる，このような人工知能の目覚ましい発展やその進化に対する過剰とも言える期待は，機械学習の進歩によるところが大きい．なかでもディープラーニング（深層学習，Deep Learning）の発明が大きく寄与している．一方，人工知能が人間並みになり，やがては人間を超えるためには，人工知能が人間と同じように心を持つことが必須である．しかし，ディープラーニングによって心を実現する道筋を示した人はいないし，実はその研究者の多くは心の実現に言及してすらいない．人間を超えるくらいだから，このような研究が進めばそのうち心も持つようになるだろうと誰もが漠然と思っているのが現状なのである．

　筆者らは，人工知能に心を持たせる研究は積極的に進めるべきだという立場に立

っている．人工知能に心を持たせるということには二つの意味がある．一つは，人工知能に心を持たせることによって，人間の心がどのようなものかを解明するという科学的な意義である．もう一つは，人間と同等の存在を人工的に実現するという工学的な意義である．

筆者らは，20年以上前に人間の心を構成している要素を「言語，感情，倫理，ユーモア，常識，意識・自我」と考え，これまでそれらの各要素を人工知能に持たせることを中心に研究を進めてきた．

とは言え，人間の持つ心，とくに意識や自我についてはまだまだ多くの解くべき謎があり，心の工学的実現に向けては大きな壁が待ち受けている．これまで，人間の心はどこにあり，それがどのようなものなのかについては，哲学，宗教学，倫理学，コンピュータサイエンス，人工知能等の分野でさまざまな研究が行われてきたにもかかわらず，まだ誰も明確な解答を得るにいたっていない．

本書は，人工知能研究の現状についての基礎的な知識を押さえたうえで，人工知能が心を持つということがどういうことなのか，どのように実現したら良いのかを具体的な研究成果をもとに解説した入門書である．読者のなかには，「まだここまでしかできていないのか！」と驚く人もいるかもしれない．本書ではそう思われることを恐れず，現実をありのままに伝えることに努めた．本書は人工知能の心について，科学的に理解することに興味を持つ方々のために書かれている．本書を読むことにより，少しでも多くの読者が，人工知能の心を巡る研究についての基礎知識を得て，研究の最前線を知っていただくことを願っている．

なお，各章の執筆担当者は，第1章：荒木，第2章：荒木，第3章：プタシンスキ，第4章：ジェプカ・荒木，第5章：ディバワ，第6章：ジェプカ，第7章：荒木・ジェプカ，第8章：荒木である．

2016年4月

著　者

目　次

はじめに　　　　　　　　　　　　　　　　　　　　　　　　　　　　　　　　i

第1章 | 人工知能の「心」を研究するとはどういうことか　　　　　1

- 1.1 何のために人工知能に心が必要なのか？ ———————————— 1
- 1.2 心とは何か ———————————————————————— 5
- 1.3 心を構成する（意識と自我以外の）各要素 ———————————— 7
- 1.4 意識と自我へのアプローチ ————————————————— 17
- 1.5 まとめ —————————————————————————— 21

第2章 | 言語獲得の実現：言葉を覚えるコンピュータ　　　　　22

- 2.1 言語獲得の定義と必要性 ——————————————————— 22
- 2.2 言語獲得研究の現状 ————————————————————— 25
- 2.3 雑談を行う言語獲得システム ————————————————— 36
- 2.4 まとめ —————————————————————————— 51

第3章 | 感情処理：感情を理解するコンピュータ　　　　　53

- 3.1 はじめに —————————————————————————— 53
- 3.2 感情の定義について ————————————————————— 54
- 3.3 これまでの感情理論 ————————————————————— 55
- 3.4 人工知能分野における感情処理研究 —————————————— 70
- 3.5 感情認知・解析システム ML-Ask と顔文字解析システム CAO ———— 79
- 3.6 まとめ —————————————————————————— 82

第4章 | 倫理の獲得：善悪がわかるコンピュータ　　　　　84

- 4.1 ロボット倫理学の必要性 ——————————————————— 84

4.2	ロボット倫理学の現状	91
4.3	自動倫理判断システム	96
4.4	まとめ	108

第5章 | ユーモア処理：ユーモアがわかるコンピュータ　109

5.1	ユーモアが人工知能に必要な理由	109
5.2	ユーモアの特徴	111
5.3	コンピュータによるユーモア処理の研究	116
5.4	駄洒落生成システムと雑談システムへの応用	125
5.5	まとめ	139

第6章 | 常識の獲得：常識がわかるコンピュータ　140

6.1	常識獲得の意味とその必要性	140
6.2	常識獲得研究の現状	143
6.3	インターネットからの知識の獲得とその文脈処理への応用	145
6.4	まとめ	154

第7章 | 意識と自我：心を持つ人工知能に向けて　155

7.1	人工知能の自我	155
7.2	意識研究	159
7.3	意識・自我の実現方法	164
7.4	まとめ	170

第8章 | 心を交わす人工知能のつくり出す未来　171

8.1	超人工知能出現の可能性と問題点	171
8.2	人類が立つ大きな分岐点とは	172
8.3	ロボット倫理学による安全な超人工知能の実現	173
8.4	人類の輝かしい未来に向けて	174

あとがき　175
参考文献　177

第1章

人工知能の「心」を研究するとはどういうことか

「ロボットが人間の良きパートナーとして共存していくためには，人工知能の心を実現する必要がある」．本書ではそのような立場をとっている．第1章ではまず，なぜ筆者らがそう考えるのかを説明し，何を目指して研究を行うのかについて述べる．次に，そもそも「心とは何か」について考察する．チューリングテストの考え方を紹介し，それと同様の考え方で「心らしさ」の実現を目指すことを述べる．そのうえで，工学的に心を実現するためのいくつかのアプローチを紹介する．なかでも，筆者らは「言語」「感情」「ユーモア」「倫理」「常識」という心の各側面をそれぞれ研究し，対話システムに実装する研究を行っている．なぜそうしたアプローチをとるのかを説明するとともに，その限界とさらなる方向性について見ていくこととする．

1.1 何のために人工知能に心が必要なのか？

1.1.1 人工知能のいま：期待と不安

ロボットがますます身近な存在になってきている．古くはAIBO[†1]が流行し，最近ではRoomba（ルンバ）[†2]の普及や，感情を理解するロボットであるPepper[†3]の発売などが記憶に新しい．こうしてロボットが人間社会に入り込み，広く活躍する社会が目前に迫っている．従来の家電製品と異なり，ロボットの社会への浸透はこれまでの社会を根本的に変えるのではないかと考えられている．

とは言えこれまでにも人間は，数々の発明による大変化を経験してきた．たとえば自動車は，人間の移動能力を飛躍的に進歩させ，足で歩いたり走ったりするよりも圧倒的に速い移動を可能にした．さらに電車や船や飛行機になると，それまで移動できなかった場所へ高速での移動が可能になった．しかしロボットのもたらす変化は，こうした車や飛行機などとはわけが違うと捉えられている．これは一体どう

[†1] ソニーが開発した犬型のペットロボット．
[†2] iRobot社が開発したお掃除ロボット．
[†3] ソフトバンクが販売する感情を理解する人型ロボット．

してだろうか？

　ロボットとそれ以前の発明の本質的な違いは，ロボットが搭載する人工知能にあると考えられる．人工知能は，人間の知能を代替するための技術である．自動車や飛行機が出現したとき，当時の人々は驚いただろうが，昨今の人工知能がもたらしているほどの脅威や恐れを感じた人は少なかっただろう．移動能力の面で自動車や飛行機は人間の能力をはるかに超えていたのにである．その一方，人工知能が人間と同等の知能を持つ，あるいは人間の知能を超えるという話を聞いたとき，多くの人は，「そんなことをして大丈夫なのか？」と不安になる．人間の知能を超えた人工知能が人間を滅ぼしたりしないのかということを恐れるのである．

　私たちはこれまで，知能こそが人間の本質であると考えてきた．また，人間の知能を超える存在が出現することなどないと，高をくくってきた．しかし，知能に関係することでも，コンピュータはすでに人間を負かしつつある．とくに，最近では以下のようなシステムが人間のプロを破っている．

- チェス：1997 年 DeepBlue（IBM 社）
- クイズ：2011 年ワトソン（IBM 社）[†1]
- 将棋：2013 年 GPS 将棋（東京大学）[†2]
- 囲碁：2016 年 AlphaGo（グーグル社）

チェスや将棋で人工知能が人間のチャンピオンと対戦したとき，人間のチャンピオンは必死に負けまいとし，負けてしまうとこの上もなく悔しがった．ここには，知能で機械が人間には勝てるはずがないという，私たちの思いが現れているのではないだろうか．

　しかし，コンピュータの処理能力の進歩は目覚ましい．それに人間が行っているチェスや将棋のノウハウや先を読む能力を実装すれば，人間に勝つのは時間の問題であったというのが，多くの専門家の意見であったし，実際にそうなったのである．

　人間だけのものであるはずだった知能と同等のもの，あるいはそれを超える人工物が実現しつつあることに対して，人々は恐れを抱く．また，人工知能を搭載したロボットが普及したとき，人間がする仕事がなくなってしまうのではないかということを心配する人もいる．実際，ほとんどの仕事を代行できるようになるのではないかと考えている人も多い．さらには，2045 年には人工知能が人間の知能を超え

[†1] IBM が開発した質問応答システム．2011 年に米国の人気クイズ番組「ジョパディ！」にチャレンジし，優勝した．
[†2] 現役プロ棋士との団体戦において，3 勝 1 敗 1 分けでコンピュータが勝利した．

るのではないかという未来予測（シンギュラリティと呼ばれる）まで登場し，人々に心配を与えている．

このようにロボットや人工知能の研究は，大きな期待と，それにも増して大きな不安を集めている．とくに人工知能に人間と同じような「心」を持たせることに対しては，人々の期待と不安は大きい．そして，そのような人工知能を搭載したロボットが人間の役に立つために，いま何が必要か，何を研究すべきなのかということを，考えるべきときにきていると言えるだろう．

にもかかわらず，人工知能の心について具体的にどのような研究がなされているかについてはほとんど理解されていないのが現状である．そこで本書は，そうした研究がどこまで進んでいるのかを知ってもらうことを目指している．

具体的な研究の紹介に入る前に，心を持つ人工知能への期待と懸念についての，本書の立場を述べておこう．

1.1.2　心を持つ人工知能についての本書の立場
◆ 人工知能の開発を封印することはできない

人工知能が人間をしのぐ知能を持つと，人間を殺したり暴走したりする危険があるので，人工知能が人間の知能を超えるのをくい止めるべきであり，そのための研究開発を止めるべきであるという意見がある．たしかに，人工知能の研究を一斉にやめることができるのであれば，それも一つの選択肢かもしれない．しかし，現実問題として，これらの研究開発を止めることはもはや誰にもできない．仮に国際社会が一致団結して人工知能の研究をやめるという取り決めをしたとしても，テロリストやハッカー達が開発を進めることを完全に止めることはできないだろう．

そこで，ここは人工知能が人間の知能を超える前に，暴走しないような仕組みをあらかじめ植え付けておく方法を考えなければならない．しかも，人工知能が意識を持ち，さらに自我を持った後もそのことに気づかれないようにしなければならない．後で，その安全回路を人工知能が自分の意思で外してしまうと困るからである．

SFではしばしば，他のタイプの超知能，たとえば，人間を凌駕する進化を遂げた生物や，人間の知能を超えた宇宙人の襲来などが描かれる．これらの，言わば外来の超知能と人工知能が人間の知能を超える場合の決定的な違いは，人工知能は人間がつくり出したものだということである．そのため，人工知能の場合は未発達のうちにいろいろな対策を講じることができるのである．

第1章 人工知能の「心」を研究するとはどういうことか

◆ 人工知能は必ずしも仕事を奪わない

　人工知能が人間の仕事を奪ってしまうという心配については，次のようなことが言えるだろう．たしかに自動車が発明されたとき，飛脚や籠を担いでいた人や馬車を操る人やものを運ぶ仕事をしていた人は，職を失った．しかしそれ以上に，人間が移動する機会が急激に増大し，車の運転手やトラックの運転手や観光地での仕事が増大したことなどによって，結果的に自動車の発明以前より仕事が増えている．

　このように，コンピュータが人間の仕事を代行できるようになると，それまでには考えもしなかった仕事が新たに出現する．人間の欲望は果てしなく，便利なものができると，それを前提にしてさらにその先を要求するというのが人間というものだからである．経済学的な議論は専門書に任せるが，この点については，筆者は楽観視している．

◆ 人工知能は心を持つべきである

　ロボットと人間が仕事を分け合って幸せに共存するためには，人間がロボットに対して，ほかの人間に仕事を頼むのと同じ感覚で依頼できることも重要である．そのためには常識を持っていることが望ましい．また，いつも真面目な話ばかりしている人や，こちらがジョークを言っても絶対に笑わない人は付き合いにくいものである．したがって，ユーモアを理解して笑ったり，ときどきユーモアを言うことも必要である．また，こちらが落ち込んでいるときに励ましてくれたり，一緒に悲しんでくれたりといった感情を持つことも必要である．人間は感情を持たない相手と共存するのは難しい．また，人間と円滑なコミュニケーションをとるためには，言葉が必要である．人間並みに言葉を理解し，言葉で意思を伝えてくれる存在はストレスのない快適な生活を送るうえで最上のパートナーとなる．以上のように，人間と共存するロボットには常識やユーモアや言語の機能を持たせることが望ましい．要するに，私たちはロボットに人間の「心」と同じものを求めるのである．

　人間とロボットの対話において，現状では，人は相手がロボットだとわかると楽しく会話を続けることができない．それは，ロボットには「心がない」と私たちが知っているからである．では，ロボットに心を持たせるにはどうしたら良いだろうか．

　考えられる一つのアプローチは，意識や自我の研究をするというものだろう．次節で詳しく述べるように，見せかけではない本物の「心」は，人間と同じく意識を宿すはずである．意識を持つロボットには自我が芽生えるかもしれない．自我を持

つ主体にはおそらく感情が芽生え，感情を持つと相手の感情を理解でき，それを伝達するために言葉を発するようになる．すると，人間と同じような言葉によるコミュニケーションを行うことができ，長い時間，人間を相手に会話を楽しめるようにもなるだろう．すなわち，意識や自我をロボットに植え付けることを目指すべきなのだと言える．しかし，意識や自我の実体を捉えることは難しく，まして工学的につくり出せるまでには到底いたっていない．意識や自我を直接取り扱う研究については第7章にて紹介するが，まだまだ発展途上のアプローチである．

そこで，本書では，意識や自我を直接扱うのではなく，言語・感情・倫理・ユーモア・常識といった心を構成している各要素をそれぞれ実現する方法を探り，そのことによって心に迫っていこうというアプローチをとる．完成した心はこうした個々の要素をすべて備えているはずなので，まずは個別の技術によりそうした各要素の実現をしようと考える．また，もしかしたら，それらの技術の集積が「意識を宿す心」の実現のヒントになるかもしれない．

ここまで述べてきたように，「心を持つ人工知能」が目指すのは，ロボットと心を交わしながら共存する未来である．それはどのようにすれば実現できるのだろうか？　この問題を考えるために，まずは「心とは何か」について，もう少し詳しく考えてみよう．

1.2 心とは何か

ここまで，何気なく「心をつくる」と書いてきたが，そもそも心の定義についてのコンセンサスは存在しない．そのため，人工知能の心を研究するためには，「心とは何か」についての立場を定める必要がある．以下は本書の立場である．

1.2.1 他我問題とチューリングテスト

「心をつくる」ことを考えたときに直面する根本的な問題として，哲学的問題として有名な「他我問題」が挙げられる．「他我問題」とは，人間が認識できるのは，自分の意識や自我だけであり，他人が意識や自我を持っていることは証明できないという問題である．この他我問題によって，人間どうしでも他人の心の存在を証明できないという原理的な困難があるのである．

では，この問題を解くためにはどのようにしたら良いのであろうか？　多くの人工知能研究者と同じく，筆者らはチューリングテストの考え方が，唯一の方法とな

ると考えている．チューリングは，外部からの応答だけを見ることによって，ある機械が人間並みの知性を持っているかを判定しようとした．人工知能が心，すなわち意識や自我を持っているかどうかを判定する方法も，チューリングテストと同様に外部からの応答を見て判断するしかないのである．つまり，「人工知能が心を持つ」とは「人工知能が心を持っているように見えることである」と定義する．具体的な判定方法については，第7章で議論する．

したがって，私たちがすべきことは，私たちがどのような場合に他人や人工知能やロボットに「心らしさ」を見出すかを調べることである．

> **Column　チューリングテスト**
>
> 　アラン・チューリングによって考案された，ある機械が知的かどうかを判定するためのテストである．人間の判定者が一人の人間および一つの機械とキーボードを用いて対話をし，人間と機械を正しく判定できなければその機械はテストに合格したことになる．
> 　「知的である」ことと「心を持つ」ことの違いについては，次のように考えることができるだろう．チューリングテストの立場を用いると「知的である」と人間の判定者が感じるとその存在は「知的である」ことになり，「心を持っている」と感じると「心を持っている」ことになる．知的であることが心を持っていると感じさせる一つの大きな要因ではあるが，たとえば膨大な知識を持っているが感情を持たない存在は，ほとんどの質問には答えられても心を持っているとは感じさせないだろう．このように，これらの評価は独立したものとして考えるべきだろう．

1.2.2　心らしさとは

　これまでも述べたように，「心らしさ」の最たるものは意識と自我である．だが，それらは主観にかかわるため，「心」自体と同じく他我問題が絡み，他人が他人の意識や自我を認識することはできない．第7章で詳しく述べるが，この点に関する具体的な研究はまだほとんど進んでいない．

　心の定義についてコンセンサスはないと述べた．私たちが日常的に「心を持つ」などというとき，私たちは明確に「心」の意味を定義して使っているわけではない．意識や自我以外にも，感情，ユーモア，常識を持つことなどが「心らしさ」に含まれていると漠然と思っている．

　とくに本書では，「言語」「感情」「倫理」「ユーモア」「常識」の五つに着目する．これら五つは，「心を持っているように見える」ために欠かせない要素であり，また，意識や自我を持つ存在も，必ずこの五つは備えていると考えるためである．こ

のような見方にもとづき，第2章から第6章ではこれらの五つについて取り上げ，これまでの研究の経緯と筆者らの研究について述べる．これらが工学的に実現できれば，心らしさの本質に迫ることができ，心の実現に近づいていけるというのが，本書の作業仮説である．もちろん，この五つの能力を実現したとしても十分ではない．たとえば，未知の惑星にはじめて降り立った人が直面するような，まったく未知の状況には，つくりこまれた「言語」や「常識」では対応できないだろう．やはり，最終的には「意識」や「自我」を持つことが必要である．前述したように，意識と自我についてはまだほとんど研究が進んでいないが，その研究の現状と筆者らの試みについて第7章で述べる．

　本書では，筆者らの研究室で行っている研究を紹介していくが，ここまで述べたように，第2～6章で紹介するのは，すでにシステム上に実現し，その有効性が確認されたものである．それに対し，第7章で述べるのは，その問題の難しさから，現在はまだ理論的な仮説の段階にあり，システムとしての実現は今後の研究を待つ段階のものである．

1.3 ｜ 心を構成する（意識と自我以外の）各要素

　以下では，意識や自我以外に，人間と心を交わすために人工知能に必要だと考えられる「言語」「感情」「倫理」「ユーモア」「常識」について，その概要を説明する．詳細については，各章で述べる．

1.3.1　言語

　人間どうしのコミュニケーションの主たる手段は言語である．もちろん，動作や身振りや表情も大きな役割を果たしているが，正確に内容を伝えるためにはやはり言葉が最も重要なものとなる．また，高度な言語能力は人間しか持っていないので，人間であることの本質的な特徴であるとも言える．

　まず，ロボットが言語を理解できると便利なことは簡単に想像できる．たとえば，ロボットに窓を閉めるという作業を行わせる場合，言語を理解できるロボットであれば「窓を閉めて下さい」と言うだけで良いが，言語を理解できない場合には，そのためのプログラムを書いたり，リモートコントロールでいちいちその動作を指示したりしなければならない．

　しかし，現状は完全に言語を理解するシステムは完成していない．このため言語

の研究者は，言語を完全に理解していない状態で表層上の情報を用いて近似的な意味理解を実現するという方法で研究を進めている．この研究成果が，機械翻訳，情報検索，要約などのシステムとして実現されている．しかし，これらの研究は意味を完全に理解しない状態で実現されているので，その精度や品質において人間に遠く及ばない．そこで，この問題を解決するために完全な言語理解を実現することが必要となる．

単に便利である以上に，言語能力を持っていることは人間が高度な精神活動を有していることの証拠であり，意識を持つことを実証するための手段にもなっている．つまり，言語能力は，自分の意見を述べることを可能にすることを通して，自我や意識を持っていることの伝達手段にもなる．このように，自我や意識との関係性においても，言語は心にとって重要な要素であることは間違いない．

しかし，既存の人工的対話システムは人間のように流暢に話すことはできず，多くのユーザを獲得することができていない．人工知能の他の問題と同様に，特定の話題については話せても，話題に限定のない会話には対応できていないのが現状である．広範囲の話題に対応したものも出てきてはいるが，それらは雑談のみに特化したシステムであり，人間のように質問応答と雑談を自由自在に切り替えて応答することはできない．自分から相手に質問をして知識を学習していく機能[†]も十分ではない．

現在のシステムは，その機能の不十分さを「どのような場合にどのように答えると人間らしく見えるか」というノウハウをルールとして実装することにより補っているが，その言語能力は人間に遠く及ばない．このことが，これらの対話システムに心の不在を感じさせる大きな要因になっている．

また，人工知能は人間にとっては簡単な雑談を苦手とし，むしろ専門的な話の方を得意とするということも，人間との大きな相違点である．この相違点を埋めるための研究を進めることが必要である．以上述べたように，現状では完全に言語を理解し発話するシステムは完成していない．言語を本当に理解するには，あらかじめ「意識・自我」が必要なのかもしれない．つまり，理解という現象は理解する主体である心を持つ人間が存在してはじめて生まれるものであって，意識・自我のないロボットにはそもそも理解する主体が存在せず，理解が不可能なのかもしれない．しかし，いきなり「意識・自我を持たせる」ことは難しいので，少しでも人間の言

[†] これを能動的学習と呼ぶ（第7章参照）．

語能力に近づけるための試みについて，第 2 章で解説する．

1.3.2 感情

　人間の場合，感情を理解できない人や感情をうまく表現できない人は，ほかの人とのコミュニケーションがうまくできない．したがって，感情は人間が社会生活を送るうえで，必須のものである．そこで，人間と共存する人工知能にも感情を理解し，感情を上手に表現することが望まれる．

　しかし，現状の人工知能は，単純な感情はともかく，状況や相手に依存した複雑な感情については理解することも生成することもできない．この現状を打破するためにさまざまな研究が行われている．

　脳の感情をコントロールする部分に損傷を受けると，人間はむしろ理性的な思考ができなくなることが知られている[13, 14, 15]．このことは，理性的な判断にも感情が重要な役割を果たしていることを示唆しており，このことも人工知能に感情を持たせることが望ましい理由の一つであると言える．悲しいとか苦しいとかいう感情を理解できない人は，たとえば人間が死んでも，悲しんだり，苦しんだりすることがない．人が死ぬことで悲しむ人や苦しむ人がいることを理解することができないと，なぜ人を殺すことが悪いのかを理解できず，感情を持つ人に比べてより簡単に人を殺してしまう判断をしかねない．

　このことは次のような例で考えると理解しやすい．たとえば，人を傷つけてはいけないということをルールで与えられたロボットは，家に突然強盗が入ってきて，主人が殺されそうになったときにも強盗を傷つけることは悪いことだと判断し，主人が殺されるのを黙って見ていることになるかもしれない．このように，人を傷つけること一つとっても状況によって良いことであるか悪いことであるかは変わる．このような状況には実にさまざまなものがあり，ルールで与えようとするとその数が膨大になり，すべての場合を書くことは不可能である．しかし，主人が死ぬと悲しむという感情を持ったロボットであれば，悲しむようなことは起きてほしくないので，主人を守るために強盗を傷つけることができるのである．

　一方，ポジティブな感情の理解もできた方が望ましい．試験に合格したり，成功してお金を儲けたり，昇格したりしたことを人工知能に話したときに，そうした事象では喜びの感情が生まれるものだということがわかっていないと，一緒になって喜んだり，お祝いの言葉を述べることができないかもしれない．このように，感情は人間が社会で生きていくうえで重要な役割を担っている．したがって，人間と心

を交わすにはロボットも感情を持たなければならない．

◆ 感情処理の困難さ

「感情を持つ」ことは，相手の感情を認識すること，そして，自分の感情を生成し，その感情を表現することからなる．感情を認識・生成するためには，まず，どのように感情を分類するかが問題となる．つまり，ロボットに感情を実装するには，まず人間がどのようなときに笑い，どのようなときに泣き，どのようなときに怒るのかを分析しなければならない．

しかしながら，感情が何種類あるのかということについてでさえ，さまざまな説があり，決定的な定説がないのが現状である．もちろん，喜怒哀楽等の基本的な感情の存在は誰もが認めるだろう．ところがそれ以上に細かいカテゴリーに対しては，標準的な分類法が決まっていない．また，人間の感情は複雑で，心のなかに芽生えた感情をそのまま言葉や身振りや表情で表現しているわけではなく，心のなかの感情とは逆の感情を表現することさえ珍しいことではない．

このように，そもそも人間の場合の分析を正確かつ厳密に行うことはできないことが，ロボットへの実装を困難にしている．そのため現状では，ロボットに実装する感情認識・生成の仕組みは非常に単純な感情理論にもとづいたものにならざるを得ない．

これまでの人工知能やロボットは感情を持たないのが当たり前だったこともあり，単純な感情認識・生成の仕組みを持たせただけでも，十分なインパクトを与えることもあるだろう．しかし，それはただ物珍しさによるインパクトであって，現状のレベルではやがて飽きられてしまうことは目に見えている．完全な感情処理システムを備えた私たち人間と比べたとき，人工知能の感情の稚拙さに気づくことは避けられない．

このような現状を打破し，より細やかな感情を持つ人工知能を実現するためにどのような研究が行われているのかについては，第3章で詳細に述べる．

1.3.3　倫理

言語や感情のように，人間らしい人工知能をつくるために必要となる要素とは異なり，人間以上の厳格さが望まれる心の要素がある．それが倫理である．

◆人工知能が人類を滅ぼすのを防ぐために

人工知能を搭載したロボットが人類を超えた知能を獲得し，暴走して人類を滅ぼしてしまうのではないか……．これは「ターミネーター」[†1]はじめ多くのSFで描かれるストーリーである．数年前までは，まさにSFのなかだけの出来事であった．しかし，最近の人工知能の進歩は急速であり，1.4節のコラムで述べるように，2045年には人工知能が人類の知能を超えるということを予測する未来学者まで現れている．

このような状況を受け，人類の知能を超えた人工知能が人類を滅ぼす（あるいは何らかの害をなす）のを防ぐために研究することが急務になっている．私たちがすべきこととは，人間が持っている倫理感をあらかじめ人工知能に植え付けることだと考えられる．そのことにより，たとえばロボットが簡単に人を殺してしまうという事態を避けられると期待される．すでに機械倫理学（Machine Ethics）やロボット倫理学（Robot Ethics）などと呼ばれる分野が存在し，そうした研究が最近盛んになってきている．しかし，人工知能にどのような倫理を持たせるべきかの研究はまだ十分とは言えないし，また，多くの人がこのような危機感を共有していないという問題もある．研究をさらに進めるとともに，危険性の周知も同時に進めていかなければならない．

◆ロボット工学三原則で十分か？

この分野で良く知られているものにロボット工学三原則[†2]がある．これは，SF作家アイザック・アシモフ（Isaac Asimov）[†3]のSF小説において，ロボットが従うべきとして示された原則である．人間への安全性，命令への服従，自己防衛を目的とする三つの原則からなる．ロボット工学三原則を以下に示す．

- 第一条　ロボットは人間に危害を加えてはならない．また，その危険を看過することによって，人間に危害を及ぼしてはならない．
- 第二条　ロボットは人間に与えられた命令に服従しなければならない．ただし，与えられた命令が，第一条に反する場合は，この限りでない．

[†1] 1984年に公開されたアメリカのSF映画．この作品の大ヒットにより1991年に「ターミネーター2」，2003年に「ターミネーター3」，2009年に「ターミネーター4」，2015年に「ターミネーター：新起動／ジェニシス」が制作されている．
[†2] ロボット三原則とも言う．
[†3] アイザック・アシモフ（1920年‐1992年）は，アメリカの作家，生化学者．

- 第三条　ロボットは，前掲第一条および第二条に反するおそれのない限り，自己を守らなければならない．

　――西暦2058年，「ロボット工学ハンドブック」，第56版より（出典：『われはロボット』）[16]

　しかし，これらをロボットにプログラムするのはそう簡単ではない．第一に，一般的な善悪の判断を簡単にすることはできない．強盗に入られた人が，自分が殺されるのを防ぐためにロボットに強盗を殺すことを命令したとする．このとき，ロボット工学三原則の第一条により，ロボットは主人を守るために強盗を殺すことはできない．それによって主人が殺されてしまったとしたら，これは本当に良い判断だったと言えるだろうか？　このように人間社会の出来事は，非常に複雑で，上記の三原則で判断できるほど簡単ではない．たとえば，花を摘むという行為は，自分の庭であれば問題ないが，人の庭であれば悪いことになる．

　このように，善悪の判断をあらかじめルールとして書くことは不可能と言えるだろう．ではどうすれば良いだろうか．

　一つの方向性は，多くの人の倫理観を集約することである．人を殺すことが良いことだと考える人も皆無ではないかもしれないが，大多数の人は人を殺すことが悪いことだと考えている．そのため，多くの人の倫理観を反映させることのできる人工知能は，個々の人間より公平で正しい倫理観を持つことができると期待できる．

　このような考え方のもとで，筆者らはインターネット上の情報などから，個々の命題の善悪を自動的に判断するようなメカニズムを開発した．詳細については第4章で述べるが，このようにして得た倫理観は，あくまでも人間レベルの，しかも大多数の人が持つ倫理観である．

◆念には念を

　人間を超える知能をつくり出すことには，これまで人類が扱ってきたなかでも最も危険な技術，たとえば原子力以上の注意深さが必要である．原子力の開発において，人類はその副作用である有害な放射能を完全かつ迅速に除去する方法を開発する前に，原子爆弾，原子力発電という形で原子力の利用を始めてしまった．この失敗を人工知能の開発においても犯すべきではない．

　それでは，原子力における放射能除去装置に相当するものは人工知能にとっては何なのかというと，それは上述の倫理にほかならない．

　しかし，仮に人間並みの倫理をロボットに持たせることができたとしても，自我

を持つにいたった超人工知能†を搭載したロボットはあらかじめ組み込まれていた倫理回路を自ら外してしまう可能性がある．何しろ人間の知能を超えているのだから，人間の企てを見破ることなど，赤児の手をひねるより簡単だろう．しかし，たとえそのような状況であったとしても，超人工知能を搭載したロボットが倫理回路を自ら外してしまうような事態が起きないような仕組みを何としても研究し，実現する必要がある．

　一つだけ明らかなことは，現状の人工知能は，まだ人間の知能には遠く及ばないということである．この間に，人工知能に将来的にいくら賢くなっても外すことができない倫理回路を組み込むことは，不可能なことではない．人間の子供と同じように，人工知能も幼児期の教育が大切なのである．倫理回路を外そうとすると人工知能そのものが壊れてしまうようにするというのも，一つの方法であろう．すなわち，倫理回路と意識・自我は表裏一体のものとすることにより分離できなくしておくという方法である．

　人間の知能を超える超人工知能にとって，その産みの親である人類は，ある意味で神のような存在である．現時点ではまだ，神としての特権を活かして人工知能の本質的なデザインに介入することが可能であり，またそうすべきだろう．

1.3.4　ユーモア

　ユーモアはコミュニケーションを円滑に行うために必要なものである．人間は，会話のなかで相手のユーモアを理解し，また自分も発話のなかにユーモアを交えることで場の雰囲気をリラックスさせ，対話者との関係を良好なものにしようと試みている．

　したがって，ユーモアを理解できず，ユーモアを交えた発話をすることもできないロボットは，人間社会で人間どうしのようなコミュニケーションを実現することはできない．ロボットが人間社会で生きていくうえでユーモアを認識し，生成する能力は必須のものである．

◆ ユーモアを理解できないことによる危うさ

　しかしそれは，意外にも非常に高度な能力である．ユーモアを正確に理解できないと重大な事態を招いてしまうこともある．たとえば，以下のような会話があると

---

† 人間の知能を超えた人工知能をこのように呼ぶ．

する．

- A：「彼の服はほんといつも汚れているよね．服を着替えるのが面倒くさいのかな？」
- B：「私は洗濯が得意なので，服を着たまま体ごと川に入れて洗ってあげるよ．それなら着替えなくてすむし，いいよね．」
- A：「それは良い考えだね．」

これを聞いていた家事手伝いロボットが，ユーモアを理解できなかった場合，本当に服を着たままの彼を川で洗ってしまうという事態が起こらないとも限らない．この発言には，どこにも否定的な表現が含まれていないからである．川で服を着たままの人間を洗うことが危険であることを知らないロボットは，この会話のユーモアを理解できない．なお，この例の場合はロボットには常識も要求される．

◆ユーモアとしての修辞疑問文・比喩・皮肉の理解

また，会話のなかで使用される修辞疑問文や比喩や皮肉もユーモアの一種である．この理解も困難な問題であり，これも人工知能にとっては非常に難しいことの一つである．修辞疑問文とは，自分のなかに結論があるにもかかわらず，あえて疑問文にすることでその意味を強調する表現技法であり，「反語」とも言われる．たとえば，「一体，誰がわかるだろうか？」という表現は「誰にもわからない」という意味である．これが修辞疑問文だと理解できない人工知能は，質問と解釈して「○○大学のN教授であれば，何かわかるかもしれません．」というように答えてしまうかもしれない．これでは，会話が長続きしないし，話す気をなくしてしまうかもしれない．

また，比喩の理解も困難な課題である．「殺してしまいたいほど可愛らしい」という表現は危険である．これを比喩ではなく事実として理解すると，「可愛いものは殺してしまいたくなる」という意味になってしまう．このように理解したロボットは，「可愛い」という発話と殺意とを誤って結びつけてしまうかもしれない．

皮肉に関しては，たとえば商品の梱包の仕方が下手なデパートの店員がいたとする．その人に対して，お客さんが「とても上手な梱包の仕方ですね」と言うとそれは皮肉である．この場合，皮肉であることを理解するためには，誉められた人が実際には誉められるべきことをしていないということを知っている必要がある．これを見ていた人工知能が，皮肉を直接的な意味にしかとることができなければ，その

下手な梱包を上手な梱包だと誤解してしまい，その後の会話でお客さんを怒らせてしまうかもしれない．しかし，このような処理を人工知能にさせることは難しい．

このように，ユーモアの理解にはさまざまな課題が存在するが，まず第一に，人間はどのような状況で，どのようなことを言うと面白いと感じるのかを研究し，解明することが重要である．その上で，そのメカニズムを人工知能上で実現し，ユーモアの理解・生成システムを実装する必要がある．

また，ユーモラスな修辞疑問文，比喩，皮肉の理解には，次に述べる常識が密接にかかわっている．

1.3.5　常識

人間は日々常識を使って生活をすることで，問題なく暮らすことができる．常識には，絶対的な真理と呼べるものから，その人の世代の多くが持つ常識，あるいはその地域に限定された常識にいたるまで，さまざまなものがあるが，それらが欠落すると多くの問題が起こる．

これは筆者が経験したことであるが，ある老人が地下鉄の改札口の切符を入れる部分にお金を入れて改札口が止まり，駅員がコインを取り除いている光景に出くわしたことがある．このとき，駅員は「切符を買って入れることくらい常識ですよ」とその老人に言っていた．しかし，駅構内のどこにも乗車前に切符を購入し，その切符を改札口に投入し，乗車して下さいとは書いていない．したがって，そのような知識を持ち合わせていなければ，そうした行動をとるのもある意味仕方がないのである．

この例で老人が持ち合わせていなかったのは，スクリプト†と呼ばれる種類の常識である．人は誰でも，「このような場合にはこのようにする」という手順をスクリプトとして用い，日々暮らしている．

このように常識は，人間がコミュニケーションを行ったり，社会生活を送るうえで重要な役割を果たしているので，ロボットもまた常識を持つ必要がある．

◆常識を持っていない場合に起こる問題

ロボットが常識を持っていないとどのようなことが起こり得るだろうか．ロボットがコップにビールを注ぐというケースについて考えてみよう．状況は図 1.1 に示

---

† ロジャー・シャンク（Roger C. Schank）が提唱したもので，人工知能における知識表現の一つである．人間もこのような知識を持っていると考えられる．

すようになっている．ここで，ロボットに1の位置にあるビールを4の位置にあるコップに注ぐように命令する．

するとロボットは，1のビールのキャップを器用に開け，4のコップにビールを注いだ．しかし，ここで問題が起こった．ロボットが2と3の位置にあるビール瓶をなぎ倒して，4のコップにビールを注いでしまったのである．

プログラムには，最短距離でビール瓶を移動させ，ビールをコップに注ぐようにと書かれていた．もし，ロボットが，ビール瓶を倒してはいけないという常識を持っていれば，最短距離という言葉の意味が，ビール瓶を避けて通るような経路であることを理解したであろう．しかし，そのような常識を持っていなかったので，このような問題が起きたのである．

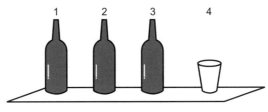

図 1.1　コップにビールを注ぐ状況

Column　常識による思い込み

一方，人間のもつ常識が落とし穴になる場合もある．これは筆者が学習型対話システム[90]を開発していたときのことである．開発した学習型対話システムに，以下のような矛盾した事実を入力して，どのように対処するかテストしてみた．

- 次郎の兄は太郎です．
- 太郎の兄は次郎です．

筆者としては，これが矛盾した例だと考えていた．一人の人間が同時に兄と弟になることはできないからである．しかし，私のシステムはこれをきちんと矛盾なく理解していた．その理解した結果は，「太郎の兄は太郎ですね．」という応答だったのである．つまり，「太郎，次郎，太郎」という3人兄弟で，長男と三男が同じ名前だったということである．つまり，図1.2のような関係になっていたということである．

この結果を筆者がまったく予期できなかったのは，筆者が「兄弟には同じ名前をつけない」という常識を持っていたからである．しかし，その常識を持たない筆者のシステムにとっては，何ら矛盾ではなかったのである．この例のように，人間の持つ常識が「思い込み」につながり，逆に常識を持たない人工知能の方が適切な判断をするケースもあるだろう．しかし，私たちは常識をもつ存在として他の人々と付き合っており，心を持つ存在には常識を持つことを期待する．たとえ「思い込み」による過ちの可能性はあったとしても，心を交わす人工

知能は常識を持つことが要求されるだろう．

図 1.2 　常識による思い込みの例

◆ 対象とする常識

　上述したように，常識にはさまざまなレベルのものがあるので，どこまでが常識であるかを定めなければならない．まず，個人レベルでの習慣は常識とは呼べず，本書でも常識には含めない．本書では，個人を超えた，グループ，社会，文化ごとに共有されている暗黙的な知識や，万人が共通に持つと思われる一般的な事実のことを指して常識と呼ぶことにする．たとえば，以下のようなものである．

- 個人レベル：「外出するときはタクシーを使う．」
- グループ，地域社会，文化レベル：「11 月には雪が降る．」
- 一般的な事実：「地球は丸い．」[†]

　本書第 6 章では，上記のうち，下の二つを常識として，説明を進めていく．そうは言っても，この区別は明確ではないので，この分類をどのようにしてシステム上に実現するかも課題の一つである．

1.4 　意識と自我へのアプローチ

　前節で解説したような（および第 2 章～第 6 章で詳述する）心の各構成要素の実現を進めていくことによって，人間と心を交わす人工知能は徐々に実現していくだろう．しかし，先にも述べたように，心を構成する要素としての「意識」や「自我」をどう実現するのか，という根本的な問題が残る．

　人間と共存する人工知能という観点からも，意識や自我が必要であると考えられる．それらは，人間のようにまったく未知の事象・問題に対しても自分で判断して

[†] 厳密に考えると，子供等を含めてしまうと人類の 30%はそのことを知らないかもしれないが，大人でこれを常識と言われて反論する人は少ないので，一般的な事実と考えて良い．

学習を行い，解決するために必要となるからである．そのような能力は，独創性と言っても良いかもしれない．人間には，無から有をつくり出せるような能力が備わっている．そのような能力を人工知能に持たせるためには，「意識」や「自我」が必須なのである．そのためには，第2章〜第6章のような研究に加えて，それらとは質的に異なる何かをつくり出す必要があるが，それが何であり，どのようにつくり出せば良いのかは，まだ誰にも見えていない．

1.4.1 機械学習によるアプローチ・生物模倣によるアプローチ

意識や自我を備えた心をつくるために，どんなアプローチが考えられるだろうか．すぐに思い浮かぶのは，「機械学習」かもしれない．機械学習は近年注目されており，とくに，人工知能の書籍などを通じて「ディープラーニング」（深層学習，Deep Learning）についてご存知の読者も多いと思う．これは，機械学習の代表的な手法であるニューラルネットワークの一種であり，従来の手法に比べて10倍の精度が得られたことや，教師無し学習でさまざまな画像の認識を可能にしたことで大きな注目を浴びている．

現在，このディープラーニングをはじめとする機械学習によって，知能実現の研究が盛んに進められている．しかし，これは誤解されがちなのだが，これらの研究によって「意識」や「自我」が実現するとは実は誰も言ってはいない．ディープラーニングを中心とした研究を進めていけば「30年後くらいには人間の知能を超えるのではないか」と言う人もいるが，そこで「意識」や「自我」がどう生じるのかについて，述べた人はいないのである．

機械学習は，あくまで過去のデータから学び，過去の事例と類似したものを探すことで問題を解く手法である．よって，まったく未知の事象・問題を解くことはできない．一方で，意識・自我を持つ人間の心はそれができている．したがって，機械学習だけでは心の獲得に向けた本質的なブレイクスルーを得られないと考えられる．

そこで，現に心を宿している人間の脳を参考にすることが考えられる．つまり，脳で行われている化学反応を人工的に実現することにより脳の機能を実現するという，生物模倣のアプローチである．これは一見直感的な方法だが，脳内で行われている化学反応は非常に複雑であり，得られているデータがまだまだ足りず，実現性が高いとは言えない．

1.4.2　能動的学習とメタ学習

　心を要素ごとに実現する本書の方法，機械学習による方法，生態模倣による方法はどれも，それ自体では「意識」や「自我」の実現には足りない．そこで求められるのは，無から有を産む力，つまり人間の持っている独創性の実現である．この能力により，人間はまったく未知の事象・問題にも対処することができるのである．

　このような能力を実現するために，筆者らは，「メタ学習」と「能動的学習」の実現が必須であると考えている．と言うのは，「メタ学習」ができれば，学習する方法そのものを学習することができ，理論的には新しい学習方法を際限なく獲得することができると考えられるからだ．また，「能動的学習」により，未知の問題を解くために不足している知識を人工知能自らが要求して探しにいくことができ，理論的には無限の知識を獲得することができる．すなわち，能力と知識の両面において理論的には無限の学習が可能になるのである．

　このような能力を持つ人工知能は，「意識」や「自我」がなければ解決できないまったく未知の事象・問題をも解決することが理論的には可能である．したがって，このような能力を持つ人工知能は，「意識」や「自我」を持つことになるのではないかと考えている．こうした構想についての詳細は第7章で述べる．

Column　人工知能の歴史とこれから

　人工知能研究の歴史は長い．人工知能は，最初は人間の知能を代行するものとして構想された．人工知能という言葉が最初に使われたダートマス会議[1]では，「人間のように，与えられた知識をもとに，知恵を必要とする問題を解決する機械をつくること」という目標が設定された．このことから，どちらかというと「知恵をシミュレーションする」ということが，当初の人工知能開発の動機であったことがわかる．

　しかし，この試みはすぐに頓挫する．当初の目標であった「人間のように何でもできる人工知能」は，度重なる挑戦にもかかわらず完成しなかった．その理由は，人間の知的活動があまりに広範にわたるため，そのために必要とする知識があまりにも膨大で，当時のコンピュータで実装できるレベルをはるかに超えていたからである[2]．

何でもできる人工知能への挑戦

　そこで，一つのことだけを行う専門家としての人工知能の開発へと，目標が転換していく

---

[1] ダートマス会議：正式名称は"The Dartmouth Summer Research Project on Artificial Intelligence（人工知能に関するダートマスの夏期研究会)"である．ここではじめて，"Artificial Intelligence"（人工知能）という言葉がジョン・マッカーシーによって使われた．(http://www.ai-gakkai.or.jp/whatsai/AItopics5.html より）

[2] この状況は改善されたが，現在でも完全には解決していない．

ことになる．課題を絞ることによって必要とされる知識が限定され，コンピュータ上に実装することが可能になると期待されたからである．

そのような試みが発展し，1.1 節でも述べたように現在ではチェス，将棋，クイズ番組等で人間のチャンピオンに勝つまでになっている．しかし，当然のことながらこれらの人工知能は人間と同じような普通の生活を送ることができない．人工知能を搭載したロボットは，チェスや将棋やクイズ番組の対戦をする会場まで，電車に乗ってきたわけではないのである．

そこで，最近になって人工知能の当初の目標であった「人間と同じように何でもできる人工知能」を開発しようという試みがある．これを汎用人工知能（**AGI: Artificial General Intelligence**）と言う[9]．AGI, BICA（**Biologically Inspired Cognitive Architecture Society**）という国際会議で研究発表が行われている．日本でも汎用人工知能輪読会[8]や全能アーキテクチャ勉強会†1 という研究活動が行われている．

シンギュラリティ

汎用人工知能にまつわる話題の一つに，カーツワイルが唱えている「シンギュラリティ」の概念がある．アメリカ合衆国の発明家，実業家であり，フューチャリスト（未来学の専門家）であるレイ・カーツワイル（**Ray Kurzweil**）†2 は，これまで科学技術の進歩を予測し，数々的中させてきた人物である．そのカーツワイルが自身の著書である『ポスト・ヒューマン誕生―コンピュータが人類の知性を超えるとき』[11] のなかで，2045 年に人工知能が人間の知能を超えるとの予測を打ち出した．この事象はシンギュラリティ（技術的特異点）と呼ばれるが，これは人工知能が人間の知能を超えるので，それ以上人類の進化を予測することができなくなる時点という意味である．シンギュラリティにどう備えるべきかという問題は，2045 年問題とも呼ばれている[12]．

人工知能が人間の知能を超えた後の世界とは

人工知能が人間の知能を超えた場合にどのようなことが起こるのかは誰もわかっていないし，予測することすらできない．これは，蟻が人間の存在を理解したり，人類の未来を予測できないのと同じである．

シンギュラリティについては，さまざまな見方がある．一方には，人間を超えた人工知能は新しい種に相当し，人類は大人しく人工知能に地球を明け渡すしかないという悲観的な人々がいる．他方では，人工知能は人間が生み出したものなのだから，超人工知能の暴走を防ぎ，それをコントロールする方法を考えるべきであるという人たちがいる．

これまでも述べてきたとおり，本書は後者の立場をとる．すなわち，現時点ではまだ人工知能は人間の知能を超えていないので，いずれ登場する超人工知能をコントロールできる可能性はあるし，可能性がある以上その実現に向けて最大限の努力をすべきであるという考えである．本書では，第 4 章でその方法について，これまでの研究成果と筆者らのアプローチも含め詳しく述べる．

---

†1 http://www.sig-agi.org/wba
†2 現在はグーグルに所属し人工知能の研究チームを率いている．

1.5 まとめ

　本章では，人工知能の心とは何かということについて，「何のために人工知能に心を持たせるか」という動機と関連づけながら述べてきた．

　心を持たせるということは，人間が「心らしさ」を感じるシステムを構築することにほかならないということを述べた．

　心を構成する要素として，言語，感情，倫理，ユーモア，常識に着目し，それらと人工知能研究の関係性について概観した．また，人工知能が人間と共生するために，倫理が必要であることを簡単に述べた．以下の各章では，これらの各要素が具体的にどのように研究されているのか，また各要素がどのように結びついているのかについて見ていくこととする．

　さらに，本当に心らしさを持たせるためには「自我」や「意識」のメカニズムを解明し，それを実装する必要があるが，その研究はまだ始まったばかりであることを述べた．意識と自我については，第7章で再び見ていくことにする．

第2章

言語獲得の実現：言葉を覚えるコンピュータ

　本章では，コンピュータ上に言語獲得能力を実現する必要性を述べたうえで，言語獲得研究の現状を概観する．その一例として，遺伝的アルゴリズムを利用した言語獲得システムを紹介し，その概要と性能評価実験の結果について述べる．

2.1 言語獲得の定義と必要性

2.1.1 言語獲得とは？

　言葉を持つかどうかということは，人間と他の動物を分ける大きな違いである．言葉は人間のコミュニケーション手段の主たるものであるし，人間は言葉を用いて思考する．知識を共有し，世代を越えて積み重ねていくことを可能にするのも，言葉のはたらきである．また，言葉はさまざまな視点からものごとを見て，ときに主観的にときに客観的に捉えることを可能にする．このように，言葉を持つということは人間の本質であると言っても過言ではなく，その獲得が人類の進化に与えた影響は非常に大きなものがある．1.3.1 項でも述べたように，人間の心に相当する高度な精神活動や知的活動を人工知能が行うためには，言葉を持つことが必須である．
　では，人工知能が言葉（＝言語）を獲得するとはどのようなことを言うのだろうか？　人工知能はコンピュータ上に実現されるので，この質問は「コンピュータが言語を獲得するとはどういうことか？」と言い換えてもよい．
　人間の幼児は，産まれてから何の苦もなく言葉を覚えていく．まるで，あらかじめ言語獲得プログラムが組み込まれているかのようである．彼らが非常にスムーズに言語を獲得する様子を見ると，その仕組みをコンピュータ上に実現するのも簡単そうに思える．ところが，実際にそのような仕組みを実現しようとすると多くの問題にぶつかり，人間と同じくらい完全に言語を使いこなすシステムの実現にはほど遠いのが現状である．
　言語獲得は，幼児期にのみ行われると考えられがちだが，実際には大人になっても言語獲得は継続している．これは，言語の持つ造語能力という性質により，日常

生活で日々未知語が出現するので，その都度新たに覚えていく必要があるからである．このように日々変わっていくという言語の性質を考えると，言語獲得能力のない人工知能は，人間と同等の言語能力を決して持つことはできないことがわかる．

2.1.2 言語獲得は特別な能力か？

言語獲得はどのような能力なのだろうか？　これについてはさまざまな研究が行われてきたが，大きく分けると二つの立場がある．一つの立場は，言語獲得能力は一般的な知能の一つの側面のものだとするジョン・R・アンダーソン（John R. Anderson）[†1]の考え方である[85]．もう一つは，言語獲得能力は知能の他の側面とは独立した特別な能力であるというエイヴラム・ノーム・チョムスキー（Noam Chomsky）[†2][86]に代表される考え方である．

もし，アンダーソンのように言語獲得能力を知能の一部として捉えるならば，人工知能を開発する際にも，言語獲得能力を含めた知能というものを前提にしなければならないだろう．

一方，チョムスキーは言語獲得能力を生まれながらにして幼児が持っている能力であるとし，その能力を生成文法や普遍文法と呼ばれる概念により理論化した．

生成文法の理論によれば，人間は幼児期に触れる言語が何であるかにかかわらず，極めて短期間に言語獲得に成功する（ただし，脳の言語野に損傷を持つ幼児はこの言語獲得ができないことが知られている）．チョムスキーによれば，これは人間が普遍文法（universal grammar, UG）を生得的に備えているためである．生成文法の理論には二つの目的があるとされる．一つは，記述妥当性を満たすというもので，現に存在する個別言語を矛盾なく説明する理論を構築することである．二つ目は，説明的妥当性を満たすことであり，これは，第一言語（母国語）を獲得するために人間が共通して持つ普遍文法とは何かを突き止め，そこから実際に言語が獲得されるさまを明らかにすることである．また，生成文法理論の特徴として，心（すなわち脳）のモジュールとして言語の「器官」があると考え，言語学を心理学／生物学の下位領域としている点がある．

[†1] ジョン・R・アンダーソン（1947年 -）は，アメリカの認知心理学者・認知科学者・計算機科学者で，カーネギーメロン大学教授である．

[†2] エイヴラム・ノーム・チョムスキー（1928年 -）は，アメリカの哲学者，言語哲学者，言語学者，社会哲学者，論理学者で，マサチューセッツ工科大学の言語学および言語哲学に関する研究所の教授である．

> **C**olumn　生成文法と普遍文法
>
> 　生成文法（generative grammar）は，チョムスキーの『言語理論の論理構造』（"The Logical Structure of Linguistic Theory", 1955/1975）[86, 43]，『文法の構造』（"Syntactic Structures", 1957）[44, 45] といった著作のなかで提案された言語学の理論である．また，普遍文法とは，生成文法の中心的な理論で，すべての人間は生まれながらにして普遍的な言語機能を有していて，すべての言語は普遍的な文法で説明できるとする理論である．

　アンダーソンは自説の証拠として，言語サバンが存在しないということを挙げていた．サバンとは，知的障害があるのに特定の分野では天才的な能力を発揮する人たちのことで，能力が非常に高く世界的に有名なサバンだけでも十数名が確認されている．音楽サバン，絵画サバン，運動サバン等がいる．しかし，言語サバンだけは，存在しなかったのである．つまり，知能に障害があると必ず言語にも障害があるということになる．このことから，アンダーソンらは，言語獲得能力は一般的知能の一部であると結論づけた．

　言語獲得能力が一般的知能の一部か，特別な能力なのかという問題に対して，言語サバンがいないというのは傍証にすぎず，本質的な議論とは言えないのではないかという印象をもたれる方もおられるかもしれない．しかし，このような分野において，脳の構造の解明はまだまだ進んでおらず，脳そのものではなく，脳の機能に障害がある人々の言動から推論するという手段が一般的にとられているのである．

　筆者らの立場もアンダーソンと同じであり，言語獲得能力は知能そのものであると考えている．知能そのものであるだけでなく，言語は思考を左右する．つまり，どの言葉を使うかによって，その人の考え方も変わってくる．まさに，知能と言語は表裏一体の関係にあるのである．

> **C**olumn　言語サバン出現騒動
>
> 　いないと言われていた言語サバンが発見されたというニュースが流れた．それは1995年のことであった[87]．その言語サバンの特別な能力とは，はじめて聞く言葉を1時間程度聞いただけで，流暢に話せるようになるというものであった．
> 　しかし，その人は，長い間話していると普通の人には見られないようなおかしな誤り方をすることがわかってきた．実は，これは後で詳しく説明する筆者らが開発した言語獲得システムであるGA-ILSD [5] が起こすような誤りであった．GA-ILSDでは，表層上の情報だけからルールの獲得を行い，意味を理解していない．そのため，人間では考えられないようなおかしな誤り方をする．

実は，この言語サバンと言われた人もまた，表層的な情報を記憶して利用していただけであったことが判明した．この人は言語サバンではなく，コンピュータのように一度聞いたり読んだりしたことを決して忘れない記憶サバンだったのである．

この人は1時間程度聞いた言葉をすべて覚えていて，相手の発話に対して，それまで話されたすべての発話中のフレーズのなかから最もふさわしいと考えられるフレーズを適当に組み合わせて答えていた．これを相手に悟られないように行っていたのだ．この人はあくまで表層的な情報処理を行っていたにすぎず，意味を理解してのことではなかったのである．

現在，彼は，図書館の司書として働いている．記憶サバンの能力を活かして，図書館にあるすべての本の内容と置いてある場所を記憶し，このような本がないかという図書館の利用者の質問に対して，即座に答えることができるのだそうだ．これは素晴らしい能力である．コンピュータによる検索では意味を理解していないので，「こんな感じの本はありませんか」という曖昧な質問には答えることができないし，その本の意味内容まで踏み込んだ質問にも答えることができない．しかし，記憶サバンの彼であれば，曖昧な質問にも本の意味内容まで踏み込んだ質問にも，即座に答えることができるのである．

2.2 言語獲得研究の現状

2.2.1 言語獲得における実験データの入手方法について

人間の言語獲得方法については，認知科学，発達心理学においてこれまで種々の研究が行われてきた．しかし，これらの研究は，どのようにして言語獲得能力を工学的に実現するかということよりも，人間の言語獲得の過程を観察し，言語獲得能力がどのようになっていて，それがどのように発現されているのかということを主な関心としていた．

> **C**olumn　科学と工学の違い
>
> 認知科学や発達心理学は科学の一分野である．そのため，極端に言うと，言語獲得能力がコンピュータで実現できるかどうか等にはまったく関心がなく，言語獲得能力がどんなに複雑でどんなに曖昧な部分があっても良いのである．一方，人工知能は，実際にシステムをコンピュータ上に実現することが目的なので，工学ということになる．したがって，言語獲得能力をコンピュータ上に実現するために言語獲得能力のどのような部分を簡単化し，どのような部分を近似すれば良いのかが主たる興味となる．
>
> このように両者の立場は大きく異なる．筆者はこの研究を始めた初期の頃に，認知科学，発達心理学の研究成果に大いに期待し，そこで得られた研究成果をコンピュータ上に実現すれば良いと考えていた．そこで，論文を読んだだけではわからない詳細な部分を知りたいと思い，当時最新の研究をしていた世界的に著名な研究者に認知科学や発達心理学における言語獲得能力の研究の話を聞きに，海外まで出かけたことがあった．

そこでの話は，非常に興味深いものであった．しかし，いろいろ聞いた後で私の方から「そのような複雑なアルゴリズムでは，コンピュータ上に実現することはできないのでは？」と問うと，それはあなたの研究なので，私は関係ないと言われたことを覚えている．

この経験は，工学の立場でこの研究をしなければと決意し，今日まで研究を続けてこられたことの一つのきっかけとなっている．

言語獲得の工学的実現のために，まずは人間の幼児がいかに言語を獲得するかを調べてみる，というのは自然な考え方だろう．しかし，それは言うほど簡単ではない．

たとえば，図2.1は，9歳の女児Aと4歳の女児Bの対話例を示している．これは実際に対話したものを録音し，書き起こしたものの一部である．通常，このような幼児の対話を収集することは容易ではない．また，幼児は大人との対話のなかで言語獲得を行っていくので，言語獲得の研究のためには幼児どうしだけの対話を収集しても意味がない．できれば，ビデオあるいは録音装置等を設置し，両親も含めた家族の会話を24時間記録させていただくのが一番良い．しかし，それではプライベートな情報がすべて入ってしまうため，そのような実験への協力者を見つけることは非常に難しい．

```
9歳女児（A）と4歳女児（B）との対話例
A：かわいい服着てるね．
B：昨日，たくさんお友達が来たの．
A：誰と公園に来たの．
B：Cちゃんは玩具をたくさん持ってるの．
A：ブランコに乗ろうか？
B：（無言でブランコに乗る）
```

図 2.1　公園での幼児の対話例

Column　データ収集の困難さ

自分の子供が小さい頃は，自分でビデオカメラで録画したものを必要な部分を書き起こして実験データとして使用することができた．しかし，図2.1のデータを収集した当時，3人いた子供も大きくなり，一番下の娘もすでに9歳で言語獲得のデータとしては，成長しすぎているというような状況であった．

そこで，近くの公園で娘を遊ばせる際に録画機材を持参し，そこにいた4歳児との対話の記録を行ったものである．4歳児は言語獲得の途上にあると考えられるので，良いデータと

> なった．もちろん，自分の娘との会話を録画した後で，一緒に来ていた両親とその子自身に自分の身分を明かし，言語獲得の研究に使用するのでこのデータを使用することを許可してほしいということをお願いし，了承を得たうえで使用した．
> 　他の大学等の研究機関では，子供の遊び部屋を設置し，事前にご両親に了承を得たうえでそこで遊ぶ様子を録画して，実験データとすることも行われている．もちろん，そのような方法でも良いが，できるだけ自然な環境のなかでデータを収集することを考えると，公園というのは理想的な環境である．

　図 2.1 の対話例であるが，その後の 4 歳女児とその両親からの聞き取りによって，B の発話の意味を推測することができた．その結果を図 2.2 に示す．図 2.2 に示すように，A の「かわいい服着てるね．」という発話に対して，B は「昨日，たくさんお友達が来たの．」と答えている．そのお友達がかわいい服を着ていたらしく，その連想からこのような発話を行ったらしいが，質問の意味を正しく理解したうえで連想したのかについては不明である．

　また，その次の A の「誰と公園に来たの．」という発話に対しては，B は「C ちゃんは玩具をたくさん持ってるの．」と答えている．このとき，B は C と一緒に公園に来ていた．B は C ちゃんのことを話したかったので話したということであった．A の発話に対しては「C ちゃんと来たの．」と応答すれば良いが，B はそれにも増して C ちゃんが玩具をたくさん持っていることに関心があり，質問者である A の発話の意図を考えられない状態であったと考えられる．

```
A：かわいい服着てるね．
B：昨日，たくさんお友達が来たの．
(そのお友達がかわいい服を着ていたらしい．そこから連想して
こう答えた．質問の意味を理解しているかどうか不明．)
A：誰と公園に来たの．
B：C ちゃんは玩具をたくさん持ってるの．
(C ちゃんと一緒に来ていた．C ちゃんのことを話したかった．
相手のことが考えられない状態．)
A：ブランコに乗ろうか？
B：(無言でブランコに乗る)
(返事をする必要を感じていない．常識がまだない．
〈失礼な大人はこうかもしれない．性格にもよる？〉)
```

図 2.2　公園での幼児の対話例の分析結果

最後にAが「ブランコに乗ろうか？」と言うとBは無言でブランコに乗った．この場合，Bは返事をする必要を感じていない状態で，そのような常識を持ち合わせていなかったと考えられる．このようなことは多分に性格によるもので，大人でも失礼な人（あるいは無口な人）はこのような行動をとるかもしれない．

　この辺りが，実際に幼児の会話のデータをとり，研究をする場合の問題点となる．つまり，一般的な会話データというものは存在せず，そこにあるのは，ある特定の幼児のデータだけである．しかも，その幼児の性格によって個々のデータは大きく異なる．その幼児の性格を十分に理解したうえでデータ解析を行わないと，誤った分析をしてしまうことになりかねない．

Column　デブ・ロイのデータ収集方法

　最近では，アメリカのMIT（Massachusetts Institute of Technology, マサチューセッツ工科大学）の研究者であるデブ・ロイ（Deb Roy）が赤ちゃんの言語獲得についてビデオカメラを用いて詳細な観察を行っている[4]．デブ・ロイは，自分の子供が産まれたのを機に，家中に魚眼レンズ付きのビデオカメラを設置し，9ヵ月から24ヵ月まで24時間録画して，大人と子供の会話を記録した．こうして得たデータを用いて，ロイらはそのなかから"water（水）"という単語が獲得される様子を詳細に分析している．

2.2.2　作成すべき言語獲得システムとは

　図2.1の事例のように，子供からのデータを収集してわかるのは，人間の言語獲得の途中では非常に不完全な応答をしている時期が存在することである．もしかしたら，我々が作成すべき言語獲得システムもまた，このような応答をするような時期を経ることが必要なのではないかと考えられる．

　実際に，人工的な対話システムも，常識やユーザモデル等が欠如している状態では，この幼児のように振る舞わなければならないのである．そのような状態から，大人のように論理的に整合性のある受け答えができるような状態に成長できる必要がある．それができてはじめて，言語獲得モデルが工学的に実現できたことになる．

　ところで，このような研究をしていると，「なぜ言語獲得システムを実現したいのか？」という質問を多く受ける．工学者の観点からは，「わざわざ言語知識を獲得するところから始めなくても，与えられるものは与えてしまえば良いのではないか」という意見が多いのも事実だ．

　その質問に対しては，二つの理由があると答えている．一つは，言語獲得メカニ

ズムの解明という科学的な興味である．2.1節でも述べたように，言語能力は人間特有のものであり，人間とそれ以外の生物を区別している能力である．そのため，それが人間の本質を表すような能力がどのような仕組みで成り立っているのかを知ることは，人間の本質を知ることにつながる．これは科学的に非常に重要な研究課題であると言えるだろう．

また，もう一つのより実利的な答えとして，完璧な言語理解システムを開発するためという工学的な理由がある．これまで，先に説明したチョムスキーの生成文法理論などにもとづき，「与えられる言語知識は与えればよい」という立場で，さまざまな研究が行われてきた．にもかかわらず，未だに人間と同等レベルの言語理解システムは完成していない．これは，大人の言語能力は複雑すぎて，それをいきなり実現しようとしたことに無理があったためだろう．そこで，はじめから完成した言語能力をつくるのではなく，幼児の言語獲得能力を実現し，そのシステムを成長させるアプローチの方が近道だと考えられる．

とくに幼児は，言語獲得能力は持っているが，常識等の膨大な知識はまだ獲得していない．幼児の対話データを用いることにより，余計な知識に惑わされることなく，純粋に言語獲得能力だけを研究することが可能になると期待できる．次の項では，発達心理学分野の研究で明らかになったことを見てみよう．

2.2.3 発達心理学分野からの知見

発達心理学の分野では，幼児の言語獲得の研究が古くから行われてきた．幼児の言語獲得を説明する有力なモデルの一つに，バイアスモデルと呼ばれるものがある．文献［41］では，バイアスモデルにより幼児の言語獲得過程をコンピュータ上に実現し，実験を行っている．

バイアスモデルとは，幼児は生まれながらに種々のバイアスを持っていて，それに従って言語獲得を進めているというモデルである．バイアスには，表2.1に示すようにいくつかの種類がある．それぞれについて，例を交えて見ていこう．まず，事物全体バイアスとは，未知の名詞の意味をその対象全体を指すものとして解釈する傾向のことである．たとえば，図2.3にあるようにうさぎを指差して「うさぎ」と発話した場合を考える．このとき，幼児はうさぎの耳とか目とか足とか茶色を意味するのではなく，うさぎ全体が「うさぎ」という名前であると仮定して理解する．このようなバイアスが，事物全体バイアスである．

表2.1 バイアスの例

種類	内容
事物全体バイアス	幼児は未知の名詞が物体全体の名前であり，その部分の属性を指示する言葉ではないと想定する．
事物カテゴリーバイアス	幼児は未知の名詞が個人や個体の固有名詞ではなく，カテゴリーの名前だと想定する．

図 2.3 事物全体バイアスの例

　また，たとえば幼児がはじめて犬を見たときに，飼い主が発した「ポチ」という名前を，固有名詞としてではなく，犬というカテゴリーを指す名前だと仮定することがある（図2.4）．このように，カテゴリー全体について名詞を結びつける傾向を事物カテゴリーバイアスという．図2.4の例では，「ポチ＝犬」と誤解していた幼児は，別の犬が「ミミ」と呼ばれるのを聞くことで，「ポチ」がある特定の犬につけられた名前であり，つまり固有名詞であることを知ることになる．

　また，「うさぎ」と「ポチ」という語彙を獲得した幼児は「うさぎとポチがいるね」という発話に対して，二つのものを列挙する場合に「と」を使用することを知る．そこで，それまでに獲得した「猫」を用いて，「うさぎと猫」という表現を生成できるようになる．このように幼児が自分である足掛かりをつくり，それをもとにしてさらに次の段階に進んでいく過程をブートストラッピングと呼ぶ．

　幼児は生まれながらにこのようなバイアスを内在しており，それらを活用しながら言語獲得を進めていくということが明らかになってきている．

　そこで，このようなバイアスモデルをもとに言語獲得システムを構築することが考えられる．そのためにはいくつかの困難があるが，その最たるものがノイズの問題である．現実の世界では多くのノイズが入る．たとえば，大人がうさぎを指差して「うさぎ」という単語だけを発するとは考えにくい．「あれはうさぎさんだよ」などのような，さまざまな表現をしているはずである．また，幼児は「うさぎだけ

図 2.4 事物カテゴリーバイアスの例

が切り出された画像」を見ているわけでもない．まわりにある犬の家や家具等も同時に見ているかもしれない．

　そのようなノイズにあふれた状況のなかで，幼児は試行錯誤を繰り返しながら，確実に言語獲得を進めていく．その様子を見ると，まるで幼児のなかに非常に強固な言語獲得の仕組みが備わっていて，どのような雑音に対しても乱されることなく言語獲得が行われているかのようにも思える．2.1.2項で述べた生成文法や普遍文法といった考え方が提案されるにいたったのも，こうした観察が一因であると考えられる．

　一方，生成文法などの理論のもとに開発された実験システムは，いずれもノイズが一切ない理想的な仮想の世界を仮定して，その世界のなかで言語獲得がどのように行われるかをシミュレートしたものである．一部，現実世界で言語獲得を試みたシステムも存在するが，大人が持つ言語能力と同等のレベルまで言語を獲得したシステムは未だに存在していない．

　このように，ノイズの多い現実世界でも耐え得るような言語獲得システムを工学的に完成させ，そのシステムを成長させることにより完全な言語理解システムを構築することが求められる．本章の後半では，筆者らの試みについて紹介する．

2.2.4　なぜ言葉は生まれたのか？

　少し話題は変わるが，ここで「なぜ言語は生まれたのだろうか」ということについて考えてみたい．言語獲得システムを実現するためには，人類の進化の過程でそもそもなぜ言葉が生まれたのかを解明することが役に立つかもしれないからだ．このことが解明できれば，進化の道筋と同じ状態をシミュレートし，言語を発生させ

ることにより言語を獲得することができる可能性がある[†1]．

> **C**olumn　お腹のなかで進化する胎児
>
> 　人の言語獲得は，実はその人の誕生の前から始まる．なぜなら，お母さんのお腹のなかにいるときすでに，胎児は外界の言葉を聞いているからである．誕生というのは，単にお母さんのお腹から出てくる時点にすぎない．
> 　また，人間の胎児は，お母さんのお腹のなかで生物進化の過程を辿りながら成長すると言われている．こうして考えると，胎児が言語を獲得する過程と，生物進化のなかで言語が生まれた経緯には，言語獲得の根源に迫る本質的なつながりがあるのかもしれない．

　進化論のなかでも，進化の過程でなぜ言葉が生まれたのかは，一つの大きな問題であった．自然選択説[†2]を根幹とするダーウィンの進化論は，1859年にチャールズ・ダーウィンとアルフレッド・ウォレスによって体系化された．自然選択説とは，限られた資源を争い，それを獲得するのに有利な種が生き残ることを通じて，生物が進化するという考え方である．しかし，言語や芸術などは，資源の獲得には直接結びついているようには思えない．したがって，進化論では言語の起源を説明できないのではないかとも言われてきた．

　現在有力となっている説が，性淘汰理論である．性淘汰理論は，ジェフリー・ミラー（Geoffrey Miller）[†3][52, 53, 54]によって提唱された．この理論によれば，淘汰はダーウィンが当初考えたような資源の獲得だけでなく，異性の獲得によっても起こる．そう考えないと人類をはじめとする動物が高度な能力を獲得した理由を説明できないからである．多くの動物では雄が雌を見つけて自分の遺伝子を未来に残そうとする．そのための手段として，芸術や言葉が生まれたと考えることができる．

　たとえば，言葉は食べ物を得るためには何の役にも立たないが，雌を獲得するためには大いに役立つ．芸術も同様であり，人間の知的活動の源である前頭葉の発達はこのために起きたとも言われる．

　性淘汰理論の言うように，もし言語が異性どうしの対話を可能にするために自然選択の結果として生じてきたとするならば，人工的なシステムにおいても何らかの進化的な仕組みを取り入れると良いのではないかと考えられる．

[†1] これは言語発生という分野で専門に研究されている．
[†2] 自然淘汰説とも言う．
[†3] ジェフリー・F・ミラー（1965年–）は，アメリカの心理学者．現在，ニューメキシコ大学の心理学部の准教授で，進化心理学を専門とする．

Column ハンディキャップ理論

たとえば，図2.5に示す雄のクジャクの大きな羽やライオンの雄のたてがみは，重くて大きい．これは，餌を採る場合にも天敵から逃げる場合にも圧倒的に不利である．自然淘汰理論に従えば，このような動物は進化の過程で淘汰されるはずである．しかし，クジャクの雄もライオンの雄も生き残っている．この矛盾は性淘汰理論の一つであるハンディキャップ理論[55]によって説明することができる．

ハンディキャップ理論とは，生物が「こんなにハンデがあるのに，生き残っているのは自分が強いからである」ということを雄が雌にアピールするために進化したという理論である．すなわち，雌が強い子孫を残すために強い雄を選択するということを前提にして，「ハンデを持っていても生き残れるくらい強い」ことを示すように雄が進化してきたという説である．

これは次のような例で考えるとわかりやすい．サッカーチームA，Bがあり，どちらもチームCに勝ったとする．しかしチームAはハンデなしだったがチームBは足に重りをつけていたとしたら，AよりBの方が強そうである．

図2.5　クジャクの羽とライオンのたてがみ（写真：photo AC）

筆者らは，言語獲得システムの一つとして，「遺伝的アルゴリズムを用いた帰納的学習による音声対話処理手法」(Spoken Dialogue method using Inductive Learning with Genetic Algorithms) を用いたシステム[5]を開発した．これを頭文字をとってGA-ILSDと呼ぶ．性淘汰理論が生物進化の過程で言語獲得が行われたことを説明できるのであれば，GA-ILSDに性淘汰理論を応用すれば，GA-ILSDも言語獲得を行うように進化できる可能性がある．そこで，GA-ILSDに性淘汰理論を応用し，精度の向上を試みた．この詳細については，2.3.2項で述べる．

Column ダーウィンの進化論と性選択理論

ダーウィンの進化論は，イギリスの自然科学者のチャールズ・ダーウィンが，1859年に出版した"On the Origin of Species"[46]（『種の起源』）[47, 48]のなかで提案した人類進化の原理である．彼は生物は不変のものではなく長時間かけて次第に変化してきたという考えにもと

づいて，現在存在する生物はすべて，その進化の過程のなかで生まれたものであると考えた．

ダーウィンも後年，クジャクの求愛行動などから 1871 年に出版した"The Descent of Man, and Selection in Relation to Sex"（『人間の進化と性淘汰』）[49, 50, 51] のなかで自然淘汰とは別個のメカニズムとして性選択（性淘汰）を提唱したが，性について語ることがタブーであった中世という当時の時代的な背景もあり，確固たる理論としては確立することができなかった．現在でも依然としてその傾向は存在する．たとえば，筆者が『恋人選びの心―性淘汰と人間性の進化 (1) (2)』[53, 54] という性淘汰理論の本を家に置いておいたら子供に恋愛の指南書と間違われ，「もうお父さんは結婚しているので，関係ないよね．」と言われたことがある．

Column どこからが言葉か？――言葉の誕生

動物は鳴き声でコミュニケーションをとる．また，母親は赤ちゃんの泣き声で何を要求しているのかがわかると言われる．このように，鳴き声もコミュニケーションの役割を果たしている．こうした鳴き声は，言葉だといって良いのであろうか？ 一体，どこからが，言葉なのだろうか？

クモザルは，彼らの天敵である鷹が空に現れると，それを最初に発見したクモザルが奇声を発する．奇声を発したクモザルは天敵が現れたことを知らせて逃げるように促すのである．この奇声は，各個体によって特徴が異なる．クモザルたちは皆，どのクモザルのどのような奇声が天敵が来たことの知らせかを知っているのである．したがって，この奇声は「天敵が来たぞ」という意味を持っている．クモザルのこの奇声も言葉と言って良いのだろうか？[81] また，チンパンジーより高度な知能を持つボノボという類人猿の鳴き声にはさまざまなバリエーションがあり，人間に近いコミュニケーション手段を持っている．ボノボの鳴き声は言葉だろうか？

このようなコミュニケーション手段のうち，どこからが言葉かに対する答えを見つけるためには，動物を観察すれば良いのではないかと考えられる．犬や猫を飼う人は，自分のペットの鳴き声の意味をある程度は理解できると言うかも知れない．しかし，これは理解していると思っているだけかもしれない．と言うのは，犬の本当の気持ちを知ることはできないからである．犬がどのように行動したかという結果から推測するしかないのである．

また，ジュウシマツの歌は複雑で「文法」があることが発見されている．この「文法」は，雄が雌の気を惹くために，より上手な歌を歌おうとして発達したのではないかと考えられている[82]．このことは，本項で述べた性淘汰理論による言語誕生の例として考えることができる．ジュウシマツの歌には文法があるが，何か特別な意味内容を伝えることができるわけではない．あくまでも雌の注意を引き，雌を獲得するために歌っているのである．そう考えると，ジュウシマツの歌を人間の言語と同等のレベルとみなして良いわけではない．

しかし，人類の場合にも，最初はこのような原始的な文法を備えた歌から始まり，脳の高度化とともに複雑な精神活動を表現できるように進化してきたと考えることもできる．類人猿のなかで言語を可能にするような複雑な発音ができるのは人間だけである．したがって，人間は鳥のように歌の歌える，唯一の類人猿であると言える．

類人猿の知能は鳥類より高いが，それを表現するためのさまざまな鳴き声を出すための喉

を持っていないのである．これは，人間が一度海に出て，水のなかで進化したために喉がまっすぐな状態が続き，喉を複雑に進化させることができたという説[83]があるほど，特殊なことなのである．

2.2.5　言語と感情の関係

　言語の獲得と切り離せない関係にあるのが，感情である．発話したいという気持ち，発話のコンテンツというものがなければ，言葉は生まれない．それらは感情によって生成されているからである．感情については次の第3章で詳しく見ていくが，ここでは言語との関係についてひとこと述べておこう．

　人類が性淘汰によって高度な言葉を持つことを見てきたが，感情もまた複雑に進化してきた．感情が進化の過程で有利にはたらいた理由は何だろうか？　一見，感情には不利な点もある．たとえば，動物が獲物を追いつめたとき，一撃でしとめなければならないという焦りが失敗の原因になることが考えられる．感情を持たず，冷静に獲物をしとめられた方が良さそうにも思える．

　この疑問については，社会心理学において研究が行われている．社会心理学者ロバート・H・フランク（Robert H. Frank）は，その著書[84]のなかで，次のような例を出して説明している．

　たとえば，自分が経営する店から5,000円の鞄が盗まれたとする．このとき，店主は警察へ訴え出るべきだろうか．店主が理性的な人ならば，警察に行くために仕事を休むことは5,000円以上の損になるので，警察に訴えるのをやめようと考えるだろう．これに対して，感情的な人は，鞄が盗まれたことが癪に触るため，損得を度外視して，警察に訴え出るかもしれない．どちらが賢明な判断だろうか？

　容易に想像できるように，泥棒にとって感情的な人の店の鞄を盗むのにはリスクがあるので，理性的な店主の鞄が盗まれやすくなる．すると，結果的に，感情的な人の方が将来の被害を防ぐことができる．このように，個人の損得だけでは説明できない感情的な行動は，集団生活のなかで有利にはたらくことがあり，そのために感情が生まれたと考えられる．

　感情の進化論的意味のもう一つの例としては，社会心理学の分野で自己犠牲と呼ばれる行動がある．先ほどのコラムで紹介したクモザルが発する奇声も，奇声を発したクモザルは天敵に狙われて死んでしまうため自己犠牲に相当する．人間の場合にも，たとえば線路に落ちた人を飛び込んで助ける事例など，自己犠牲的な行動はよく見られる．こうした感情的な行動は，種全体の生存を助けるために獲得されて

きたと考えることができる．

さて，このような感情を他人に伝えるときの手段となるのが言葉である．つまり，感情があるから言葉が生まれたと考えることができる．人工的な対話システムをつくる場合にも，感情があるかのようなシステムをつくることが必須となるだろう．そのような考えから，次節では人間と雑談をすることのできる人工知能について見ていく．

2.3 | 雑談を行う言語獲得システム

2.2.2項で述べたように，言語獲得の初期段階である3, 4歳児の幼児は，質問応答のような論理的な会話を行うことができず，雑談しかできない．そのような時期がすぎ，4, 5歳児になると，論理的な応答ができるようになる．この年齢の間に，論理的な応答ができる能力を獲得していくのである．

人間と同様に言語獲得を行うシステムをつくりたいのなら，まずは雑談を実現し，その状態から成長していけるようにしなければならない．そこで，本節では雑談を行うシステムについて見ていく．これまでの研究事例を紹介した後，筆者らが開発した「遺伝的アルゴリズムを用いた帰納的学習による音声対話処理システム」[90]に性淘汰理論を導入したシステムについて，やや詳しく説明していく．

2.3.1 これまでの雑談システム

雑談を行うシステムは，コンピュータの誕生直後の時期から開発されている．最も有名なものとして，ジョゼフ・ワイゼンバウム（Joseph Weizenbaum）[†1]が開発したELIZA[88]がある．ELIZAは雑談型[†2]の対話システムで，精神病の患者の治療を目的としたインタビューを代行するためにつくられたものである．

ELIZAは，キーワードマッチングと呼ばれる手法を用い，人手で作成した静的なルールにもとづいて返答を行う対話システムである．どのような話題にも何らかの応答を返すことができる反面，静的なルールのみを用いているために単調な応答が多くなる．対話を続けていくと次第に同じような応答が多くなることや，具体的な質問に対してははぐらかすような回答しかできず，対話者を飽きさせてしまうと

[†1] ジョゼフ・ワイゼンバウム（1923年-2008年）は，ドイツ系アメリカ人でMITの計算機科学の教授．
[†2]「非タスク指向型」とも言うが，一般の方にとってより馴染みやすい表現という観点から，本書では「雑談型」という用語を使用する．

いう問題があった．それでも，対話を継続することに関しては優れた性能を示すため，無人のチャットルームの相手やゲームの登場人物との対話，玩具の人形との対話など，さまざまな場面で現在も利用されている．

また，他の雑談型の対話システムとしては，ケネス・コルビー（Kenneth Colby）[†1]が開発したPARRYがある．PARRYはうつ病患者の治療を目的としたシステムである[89]．PARRYは，ELIZAより複雑な処理を行っており，うつ病患者の治療には有効であったが，すべての応答規則を人手で与えていたため，その開発に膨大なコストを要した．また，PARRYも原理的にはELIZAと同様の方式をとっていたため，対話者の発話から学習することができず，対話者に応じた適切な応答を返すことができなかった．そのため，しばらく話をすると飽きてしまうという問題があった．

2.3.2 遺伝的アルゴリズムを用いた帰納的学習による音声対話処理手法

ELIZAやPARRYなどに欠けているのは，相手の発話データから学ぶ能力，すなわち本章で繰り返し述べてきた「言語獲得能力」である．本当に人間らしい対話を実現するためには，対話例から自動的に応答文生成ルールを学習することのできるシステムが求められる．こうしたシステムは，その学習の初期には，成長段階の幼児のような雑談を行えることが望ましい．

そのような目的で，筆者らは言語能力が幼児から大人へと成長する過程を模倣したシステムを開発し，「遺伝的アルゴリズムを用いた帰納的学習による音声対話処理手法（Spoken Dialogue processing method using Inductive Learning with Genetic Algorithms: GA-ILSD）[90, 5]」と名づけた．

この手法では，GA-ILSDは対話例からルールを獲得し，さらに遺伝的アルゴリズムを用いた帰納的学習（Inductive Learning with Genetic Algorithm: GA-IL）[91]によってより抽象的なルールを再帰的に学習し，それらのルールを用いて応答を生成する．

この手法では，実は上述のELIZA型システムも利用している．と言うのも，対話例から十分にルールが学習されていない段階では，システムは何も応答できず，対話が成立しないためである．対話例から学習が進み十分なルールが獲得されるとELIZA型応答が次第に減少し，GA-ILによる応答が増加する．このように動的に

[†1] ケネス・コルビー（1920年 – 2001年）はアメリカの精神科医．精神医学をコンピュータサイエンスや人工知能へ応用するための理論の研究を行った．

ルールを獲得する仕組みによって，低いコストでユーザに適応した応答が可能となるように工夫されている．

応答ルールは，次のように学習される．まず，GA-ILSD は遺伝的アルゴリズムによってルールどうしをランダムに組み合わせることによって，新しいルールを生成する．次に，それらを淘汰する．すなわち，生成したルールにもとづき応答文が多数生成され，それらの文をもとにルールの適応度を評価して，一定の適応度以下のルールを削除する．このような淘汰処理により，システムを進化させていく．

ここで，淘汰処理をどのように行うかが問題となる．当初の GA-ILSD では，適応度として精度を用いていたが，これはルールが使用されないと淘汰が行われないことを意味する．つまり，一度も使用されないルールは精度がわからないので，淘汰されない[†]．一定期間以上使用されなかったルールを淘汰するという方法も考えられるが，そうすると今度は正しいルールも含めて淘汰されてしまう．このように，GA-ILSD には生成されたルールが効率良く淘汰されないという問題があった．

> **Column　赤ちゃんとの対話の難しさ**
>
> 　当初は，何もない状態を初期状態として GA-IL という言語獲得能力のみで言語を獲得することを実験しようと考えたが，実際には被験者が何も応答しないシステムに話しかけるということは大変苦痛なことであり，会話を続けることができなかった．
> 　しかし，赤ちゃんを持つお母さんは，日々これをやっている．赤ちゃんは表情や動作でいくらか反応するものの，言葉を返してくれない．それでも話しかけ続けるというのは，いくら愛情がなせる行為とは言え，簡単なことではない．実際に筆者も長男が 3 歳児のときに 2 人で車で旅行をしたことがあるが，話せない相手にずっと話しかけ続けることは大変だったことを覚えている．

2.3.3　性淘汰理論を用いた GA-ILSD

◆ 性淘汰理論の導入

ここで，再び言語進化の歴史を参考にしたい．2.2.4 項で述べたように，言語の誕生には，性淘汰が重要な役割を果たしていたと考えられている．それにヒントを得て，筆者らは GA-ILSD を効率的に進化させる方法として，性淘汰理論を導入した．遺伝的アルゴリズムの研究分野でも，「性淘汰理論を用いた遺伝的アルゴリズム（Genetic Algorithm with Sexual selection: SeGA）」という手法が主流になっ

[†] この状況は，野球の打者の打率と考えるとわかりやすい．一度も打席に立たない打者は，打率がわからないので，1 軍から 2 軍に落とされないという状況に似ている．

てきている．これは，雌がより優秀な雄を選択することで優秀な子孫を残そうとし，雄は雌に選ばれるために自らの形質を進化させるというメカニズムを取り入れた手法である．探索空間のなかで，適応度が高くなる方向だけでなく，雌がより好む方向への探索も可能になるという特徴を持つ[92]．

筆者らはルールに雌雄を与えることで，性淘汰理論の原理を GA-ILSD に導入し，性淘汰理論を応用した GA-ILSD という意味で，SeGA-ILSD（Spoken Dialogue method using Inductive Learning based on Genetic Algorithms with Sexual selection）[93] と名づけた．

それまでの GA-ILSD では，ルールは変数の数により分類されていたが，基本的には各ルールは同等であった．このことが各規則の自律的な振る舞いを抑制した可能性がある．そこでルールに雌雄の区別を与え，雄と雌のルールが子供を産む過程に性淘汰理論を導入したところ，システム全体が帰納的学習が進みやすい方向へと進化し，効率良く優秀な応答を生成することができた．

> **C**olumn　性淘汰理論導入の具体的な方法
>
> GA-ILSD では各ルールが自分の子のルールをできるだけ増やす方向へ自分自身を進化させる．すなわち，共通部分が多くなる方向にルールを変化させる．ここで，ランダムに共通部分を多くすると，誤ったルールが多数発生する．これは優秀でない子供が多数生まれたことに相当するが，それらは生き残れない．優秀な子供をつくるために，雌は優秀な雄のパートナーを見つけなければならない．そのために雄は自分自身を変化させて綺麗に着飾るのである．つまり，雌ルールが帰納的学習を進める際に好きな雄ルールを選択するようにしたのである．GA-ILSDにおいて帰納的学習で子供のルールを生み出せるのは共通部分†を一つ以上持っているルールであるので，雄ルールは雌ルールとの共通部分を多く持つような方向に着飾るのである．

2.3.4　SeGA-ILSD の概要
◆ 処理過程

SeGA-ILSD の処理の流れを図 2.6 に示す．このシステムでは，まずユーザの音声発話による入力を受け，音声認識装置によって音声を認識し，テキストに変換する．音声認識結果は形態素解析ツールを用いて解析され，それらの解析結果よりルールが獲得される．ルールの獲得は，まず SeGA によってルールを増加させ，

---
† 雄ルールと雌ルールで同じ単語の部分を共通部分と言う．

帰納的学習により再帰的にルールを獲得することにより行われる．

前述のように，SeGA-IL により獲得されたルールから応答を返すことができる場合はその応答を返し，応答できない場合には対話を継続するために ELIZA 型応答システムを用いて応答を行う．また，ルールには精度と使用回数によって定義される適応度を設定し，淘汰処理によって適応度の低いルールを削除する．以下，各ステップについて詳しく紹介する．

◆ **音声認識と形態素解析**

ユーザはシステムと雑談をする．つまり，ユーザにはシステムに自由に話しかけてもらう．このことによって入力を進める．入力された発話は音声認識装置によってテキスト化される．なお，ここで用いた音声認識装置は，以下のものである．

- 日本語：Microsoft Japanese Recognizer（Version 6.1）
- 英語：Microsoft English Recognizer（Version 5.1）
- 中国語：Microsoft Simplified Chinese Recognizer（Version 5.1）
- ドイツ語：ViaVoice（Release 10）

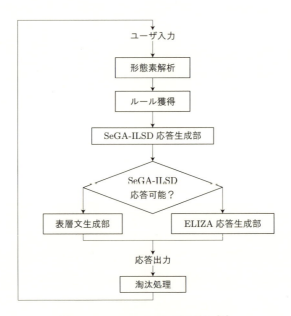

図 **2.6** SeGA-ILSD の処理の流れ [94]

テキスト化された入力発話は，形態素解析ツールによって解析され，単語分割結果と品詞情報が得られる．ここで用いた形態素解析ツールは以下のようなものである．

- 日本語：JUMAN（Version 5.0）
- 英語：Apple Pie Paser（Version 5.9）[96]
- 中国語：ICTCLAS [97]
- ドイツ語：TreeTagger（Version 3.1）[98]

これらのツールで得られた品詞情報は，自立語と付属語の区別を行うために用いた[†]．

◆ 対話例からルールを獲得する方法

次に対話例からルールの獲得を行う．SeGA-ILSD が獲得するルールには，応答文生成ルールと表層文生成ルールの2種類が存在する．対話からルールを獲得する流れの例を，図 2.7 に示す．

応答文生成ルールは，対話例の形態素解析の結果から自立語のみを抽出し，ペアとして記録したものである．ここで，自立語のみに限定するのは，付属語は音声認識での誤りが起こることが多いことや，また，自立語のみを用いることで，些細な表現の変化にも柔軟に対応できるという利点があるためである．なお，付属語は次の表層文生成ルールにより追加することができる．

表層文生成ルールは，発話中の自立語列と付属語を含めた全単語列をペアにして記憶したものである．なお，以下ではルール中の":"で区切られた左側を左辺，右側を右辺と呼ぶこととする．応答文生成ルールは，システム応答の自立語列を生成するのに使用される．具体的には，入力発話と左辺の表層上の一致率が高いルールの右辺を応答として選択する．次に，表層文生成ルールによって，自立語列に付属語を加えて自然な文を生成する．

◆ SeGA を用いた帰納的学習

獲得されたルールに対して，SeGA を用いた帰納的学習を行うことで，既存の

---

† これらのツールは実験を行った当時（2006 年 - 2007 年）の最新のものを用いた．

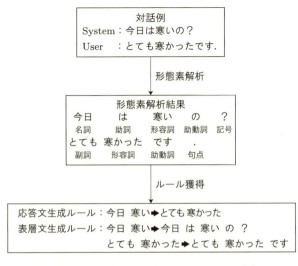

図 2.7　SeGA-ILSD におけるルール獲得例[94]

ルールを組み合わせて新たなルールを生成する．こうしてできたルールのうち自立語列の単語一致率が 65% 以上で，かつ最も適応度（後述）が高い応答文生成ルールを適用する．ここで単語一致率とは，入力された自立語列のうちルールの左辺中の自立語と一致したものの割合である．

ここで言う帰納的学習とは，ルールどうしを比較し，その共通部分と差異部分をそれぞれ一段階抽象化されたルールとして再帰的に獲得する学習手法を指す[5]．ルールの獲得例を図 2.8 に示す．

図 2.8 に示すように，二つの応答文生成ルールのうち，字面上で一致している単語列を共通部分と呼び，字面上で異なる単語列を差異部分と呼ぶ．帰納的学習においては，ルールの両辺を比較し，両辺に共通部分を持ち，かつ差異部分を一つだけ持つルールのペアを探す．この条件を満たすルールのペアが見つかった場合，差異部分を"@数字"という変数に置き換え，ルールを汎用化する．この操作により生成されるルールを共通ルールと呼ぶ．また，抽出された差異部分のペアを差異ルールと呼ぶことにする．帰納的学習によって獲得された共通ルールどうしも帰納的学習の対象になるので，さらに再帰的に差異部分を抽出し，変数化することによって，より汎用性の高いルールを生成していく．なお，現実的な時間での処理を可能にするため，ここでは最近獲得された 30 個のルールに対して帰納的学習を行い，再帰の回数も 10 回に制限している．

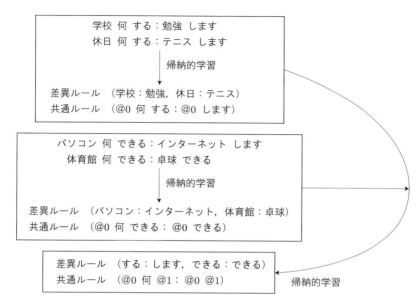

図 2.8 帰納的学習によるルールの獲得例[94]

◆ 帰納的学習への性淘汰理論の導入

ここで，性淘汰の原理を導入する．帰納的学習においては，ルールどうしを比較し共通部分と差異部分を見分けることで学習を行うので，共通部分を持たないルールどうしからでは学習を行うことができない．そこで，共通部分が増える方向に進化が進むように，淘汰の法則を定める．

各ルールを染色体，ルール中の単語を遺伝子に対応させる．SeGA-ILSD では，帰納的学習によって得られる変数化された部分を持つ汎用性の高いルールを雄ルール，変数部分を含まないルールを雌ルールと定義する．SeGA は以下の手順で実行される．

- 手順1：雄ルールが装飾を行う．
- 手順2：雌ルールが装飾済み雄ルールからパートナーを選択する．
- 手順3：交叉
- 手順4：突然変異
- 手順5：淘汰
- 手順6：手順1～5を繰り返す．

まず，雄ルールの変数部分に他のルールを代入する．このプロセスを雄の「装

飾」と呼んでいる．このとき，より出現頻度の高い単語で構成されたルールで装飾することにより，確率的に雌ルールとの共通部分が多くなり，雌ルールに選択されやすくなる．なお，文法的に正しくない文が生成されるのを防ぐため，対話履歴中の発話の品詞列と同じ品詞列になるようなルールに限り代入を行うという制限を設ける．しかし，これは GA で用いるルールの多様性を損なうことになる．文法的誤りの出現数とルールの多様性はトレードオフの関係にあるため，これをうまくコントロールすることが重要である．

具体的な装飾の例を図 2.9 に示す．図 2.9 の例では，変数を表す "@0" に "休日：テニス" というルールを代入することにより装飾を行っている．"休日：テニス" が選ばれたのは，雌ルールとの共通部分が増えるためである．

$$@0\ 何\ する：@0\ します\ \xleftarrow{代入}\ 休日：テニス$$
$$\downarrow 装飾$$
$$休日\ 何\ する：テニス\ します$$

図 2.9　装飾の例 [94]

次に，ある雌ルールに対して，装飾後の雄ルール中からそれ自身と字面上で最も共通部分が多いものを選び，交叉を行う．一般的に交叉を行うと文の構造が損なわれるが，これを防ぐために品詞が同じ部分のみ単語の交換を行う．交叉のあと，突然変異を起こさせ，この際にも同品詞の異なる単語の間でのみ単語の置き換えを行う．ここで突然変異率は 2% とした．

◆ 淘汰処理

最後に淘汰処理を行う．淘汰処理は遺伝的アルゴリズムにおいてとくに重要な処理である．淘汰処理の能力が高く，誤ったものを淘汰（削除）するスピードが速いほど，システムは最適な方向に進化する．一方，淘汰する能力が低いと，誤ったルールが生成されるスピードが淘汰されるスピードを上回り，システムは誤ったルールを大量に抱えてしまう．

淘汰処理では，手順 1〜4 で生成される子供ルールに対して，その適応度に応じて淘汰を行う．応答文の生成には複数のルールを使用するので，応答文が誤っていた場合に，すべての使用したルールが誤りの原因であるとは限らず，ある特定の誤ったルールが原因である場合や，各ルールは正しくてもその組み合わせが誤りで

あることもあり，誤りの原因を特定することは非常に難しい．そこで，淘汰処理においては，誤って生成された応答文を生成するために使用されたすべてのルールに対して，誤りの回数を 1 増やすという方法をとっている．また，SeGA-IL によって自動獲得されたルールは，実際に対話に使用してみなければ，その有用性を判断できない．無駄なルールをシステム内に持ち続けることは，システムの処理時間の増加につながる．そこで，SeGA-IL によって獲得されたルールについては，正応答率以外の基準として「連続未使用回数」を取り入れて，淘汰を行う．

適応度として，具体的には次の式を用いる．

$$\text{適応度} = \frac{\text{正応答回数}}{\text{正応答回数} + \text{誤応答回数}} \times a \times 100 \ [\%] \tag{2.1}$$

これは，そのルールを使用した場合に応答文が正解となる割合を表している．式中の a は，連続未使用回数を考慮するための係数であり，以下のように定義される．

$$a = \begin{cases} 1 & \text{（対話例から獲得したもの）} \\ 1 - 0.08 \times \text{連続未使用回数} & \text{（SeGA-IL から獲得したもの）} \end{cases} \tag{2.2}$$

前項でも述べたように，対話例も一つのルールとして獲得されるので，対話例から直接獲得したルールに対しては a は 1 として与えている．一方，SeGA-IL によって獲得されたルールに対しては，a は 1 から連続未使用回数 × 0.08 を引いた値とする．これにより，SeGA-IL によって自動的に獲得されたルールは，正応答率が 100% でも連続未使用回数によっては削除されることがある．一方，対話から直接獲得したルールは，連続未使用回数が高くても，正応答率が低くない限り削除されることはない．これは，対話から直接獲得したルールは実際に対話に用いられたものであるため，SeGA-IL によって自動獲得されたルールに比べて有用性が高いと期待できることを反映している．

淘汰処理においては，式 (2.1) で定義した適応度が 75% 未満のルールが削除される．ここでは閾値を 75% としたが，この値があまりにも小さいと多くの誤りの原因となるルールが淘汰されずに生き残ってしまう．一方，この値をあまりにも高くすると，正しい応答文を生成するルールまで淘汰されてしまう．この閾値は実験により決定すべきであると考えられる．

以上のような，手順 1～5 までの操作を 5 世代繰り返すことにより，雄ルールと雌ルールから子供ルールを生成している．ここで世代数を 5 世代と限定したのは，実用的な時間内に応答を返すためである．世代数が増えるほど，急激に処理量が増

大し，応答文を生成するのに時間がかかってしまうという問題がある．

◆ キーワードによって応答する仕組み

すでに述べたように，SeGA-IL による応答を生成できなかったときには，対話を継続させるために ELIZA 応答を用いる．日本語では，GA-ILSD のときと同じ ELIZA 型対話システム[90]を用いた．英語では，英語版 ELIZA モジュール（ELIZA.pm Version 1.04）を用いた．中国語，ドイツ語では，英語版 ELIZA モジュールをそれぞれの言語を母国語とする協力者の方々に翻訳していただき，それらを利用した．

ELIZA 応答生成部では，あらかじめキーワードに対する応答をルールとして与えておき，それらのルールを利用して応答文を生成する．ELIZA が優秀なのは，複数のキーワードやルールを組み合わせることで，多様な応答を生成する点にある．このような方法をとることにより，いつも同じ応答を返しユーザを飽きさせてしまうという問題を回避している．また，文を生成する際に使用するルールは，もともと人間が発した文を利用しているので，文法的に整合性のあるものが生成される．このようなことから，ELIZA は，非常に長い間，対話システムのスタンダードとして使用されてきた．しかし，質問応答の機能はないので，質問に対してはいつまでも答えずにはぐらかし続けるような応答しかできない．たとえば，ELIZA は以下のような応答を行う．

- ユーザ：明日の天気は何ですか？
- ELIZA：天気が気になりますか？
- ユーザ：はい，気になります．
- ELIZA：天気が良いといいですね．

このように，何度質問しても結局もともとの質問「明日の天気は何ですか？」に具体的に答えてくれない．最初は話を楽しんでいた人も，これでは次第に不満が募るだろう．このような問題を解決するためには ELIZA に質問応答能力も持たせ，ユーザの満足度を高める必要がある．その解決方法についても，筆者らの研究室で現在研究中である[99]．

◆ 自然な表現を生成する仕組み

SeGA-IL で使用されるルールが入力文に合致し，SeGA-IL による応答が可能で

ある場合には SeGA-IL が応答を行う．しかし，この処理によって生成される応答文は自立語列であるため，生成された自立語列からなる応答文候補を，最終的には付属語を含む通常の自然言語文に変換する必要がある．この処理を行うのが表層文生成部である．表層文生成ルールにおいても，性淘汰理論を用いた遺伝的アルゴリズムと帰納的学習を用い，より多くの多様な表層文生成ルールを生成している．この操作により増加させた表層文生成ルールのうち，応答文生成ルールによって生成された自立語列に適用可能なルールを用いて，自然な文の生成を行う．

このように SeGA-IL では，二つのルールを組み合わせて自然な応答を生成している．この処理のすべてに性淘汰理論を用いた遺伝的アルゴリズムを適用することにより，精度の向上を図っている．どの程度精度が向上したかについては，次項で述べる．

2.3.5 SeGA-ILSD の性能評価

日本語，英語を用いて行った実験[93]に加え，さらに中国語，ドイツ語を用いて本手法の汎用性についての性能を評価するための実験を行った[94]．ここでは，これら 4 ヵ国語を用いて行った実験結果について述べる．

◆ 実験方法

各言語に対する実験をそれぞれ 250 ターン[†1]行った．システムがルール（語彙・文法を含む）をまったく獲得していない状態を初期条件とした[†2]．これは，システムの純粋な言語獲得能力を評価するためである．

システムと対話を行う被験者については，日本語では，日本語を母国語とする理系の大学院生 5 名，英語では，理系のポーランド人の大学院留学生，中国語では，中国語を母国語とする理系大学院留学生，ドイツ語ではドイツ語を母国語とする文系大学院留学生各 1 名に依頼した．

◆ 応答の評価方法

システムが応答する度に被験者が評価を行った．応答の評価には以下のような基

[†1] 1 ターンはユーザとシステムの応答が一つずつのペアのことである．
[†2] これは「バイアスモデル」と食い違うという印象を受けるかもしれないが，「バイアスモデル」は言語獲得能力を仮定したものであり，語意や文法を与えることには相当しない．「バイアスモデル」でも，手作業によりプログラム的に語意や文法を与えるということは行っていない．

準を設けた．それぞれの応答の例文を挙げる．

- 正応答：意味的に正しく，表現が自然
    - U（ユーザ）：急に話が変わったねえ
    - S（システム）：どこが急なのかな？
- 準応答：意味的に正しいが，表現が不自然
    - U：みんな知らないかもね
    - S：知らないなんですか？
- 誤応答：意味的に誤っている
    - U：スキーに行きたいです
    - S：ほしい何変なだのことお言いましたよ

　正応答の例を見ると，「急に話しが変わったねえ」というユーザの発話に対して，SeGA-ILSD は「どこが急なのかな？」という応答を返している．これは意味的にも正しく，表現も自然である．

　一方，準応答の例を見るとユーザの「みんな知らないかもね」という発話に対して，SeGA-ILSD は「知らないなんですか？」という応答を返している．この場合，意味的には「知らないんですか？」と推測できる．すなわち，意味はわかるが，表現が少々間違っているので，不自然になっているということである．このような場合を準応答として分類している．

　誤応答の例を見ると，ユーザの「スキーに行きたいです」という発話に対して「ほしい何変なだのことお言いましたよ」と応答している．この場合，日本語として成立していないうえに，意味もまったくわからない．このような場合を誤応答としている．

　もう一つのケースとして，「意味的に誤っているが，表現が自然」という場合も存在するが，いずれにせよ意味的には誤りであることから，誤応答に分類している．

　これらの基準に従って，被験者自身の判断でシステムの応答の評価を行った[†]．

　システムの応答には，ELIZA 型システムを用いて生成された ELIZA 型応答と

[†] したがって，応答の評価は主観的なものになるが，雑談には明確な正解が存在しないため，このような評価方法で行った．

SeGA-IL を用いて生成された SeGA-IL 型応答の 2 種類が存在する．したがって，システム応答の評価は以下の 6 種類に分類される．

1. ELIZA 型の正応答
2. SeGA-IL 型の正応答
3. ELIZA 型の準応答
4. SeGA-IL 型の準応答
5. ELIZA 型の誤応答
6. SeGA-IL 型の誤応答

なお，正応答と準応答を合わせた 1 から 4 の応答は意味的には正しいので，以後「有効応答」と呼ぶ．

◆ 実験結果

各言語の音声認識の精度を，単語認識率[†]で評価した結果を以下に示す．

- 日本語：86.1%
- 英語：62.0%
- 中国語：62.4%
- ドイツ語：86.3%

また，各言語の SeGA-IL 型応答と ELIZA 型応答の応答率を表 2.2 に示す．

表 2.2　応答率の比較

	ELIZA 型応答 [%]	SeGA-IL 型応答 [%]
日本語	73.9	26.1
英語	64.8	35.2
中国語	72.0	28.0
ドイツ語	49.2	50.8

なお，ELIZA 型応答率と SeGA-IL 型応答率の定義を式 (2.3)，(2.4) に示す．

$$\text{ELIZA 型応答率} = \frac{\text{ELIZA 型応答の数}}{\text{全ターン数}} \times 100 \ [\%] \qquad (2.3)$$

[†] 認識された全単語数のうち，正しく認識された単語数の割合．

$$\text{SeGA-IL 型応答率} = \frac{\text{SeGA-IL 型応答の数}}{\text{全ターン数}} \times 100 \ [\%] \quad (2.4)$$

各言語のシステム応答の精度を，表 2.3 に示す．表 2.3 で 1 から 6 までの数値は，本項の「応答の評価方法」で挙げた 6 種類の評価結果を示している．なお，表 2.3 で応答精度は，式 (2.5) に示すように 1 から 6 のシステム応答の評価結果の割合である．

$$\text{応答精度} = \frac{\text{1 から 6 それぞれの評価数}}{\text{全ターン数}} \times 100 \ [\%] \quad (2.5)$$

表 2.3 応答精度の比較

	1 [%]	2 [%]	3 [%]	4 [%]	有効応答率 [%]	5 [%]	6 [%]
日本語	38.2	14.6	13.5	2.5	68.8	22.3	8.9
英語	8.4	4.0	53.2	16.0	81.6	3.2	15.2
中国語	16.0	25.6	30.4	13.6	85.6	10.0	4.4
ドイツ語	19.2	17.6	20.0	19.6	76.4	10.0	13.6

注）有効応答率は 1 から 4 までの合計．

◆ SeGA-ILSD はどれくらい汎用なのか？

表 2.2 から，日本語は 26.1 %，英語は 35.2 %，中国語は 28.0 %，ドイツ語は 50.8 % が SeGA-IL によって生成されたルールを用いて，応答文が生成されていることがわかる．この結果から，どの言語も日本語と同等以上にルールの学習が円滑に行われ，SeGA-IL 型の応答を返すことが確認できた．

しかし，日本語の SeGA-IL 型応答の割合は 26.1 % と低く，この割合を高くする必要がある．そのためには，単に応答回数を増やして学習するデータ量を多くするだけではなく，ある特定の話題のみを集中的に入力し，その話題に関係するルールを増やすことが実は最も効果が高い．しかし，そればかりでは「話題を特定しない」という雑談の本質からは逸れてしまう．話題がさまざまに変化するという雑談の本質を失うことなく，いかに SeGA-IL による学習効率を高めるかということは今後の課題である．

また，分かち書きされている英語とドイツ語の応答率がそれぞれ 35.2 % および 50.8 % であるのに対して，日本語と中国語はそれぞれ 26.1 % および 28.0 % と SeGA-IL 型応答率が低い．この原因を考察するために，それぞれの言語の異なる自

立語数（自立語の種類）の調査を行ったところ，日本語は 373 個，英語は 242 個，中国語は 565 個，ドイツ語は 344 個となった．この結果から，自立語数が多い日本語と中国語では似ている入力文が少なく，学習が進みにくかったと考えられる．自立語の種類が多いということは，話題が多様であったことを意味する．いかにして多様な語彙を用いてさまざまな話題に即座に適応していくかということも，今後の課題となる．

応答の有効性について見てみると，表 2.3 から日本語の有効応答率が 68.8 %，英語では 81.6 %，中国語では 85.6 %，ドイツ語では 76.4 % であり，4 ヵ国語すべての言語において，有効応答率が 70 % 以上を示している．

これらのことより，SeGA-ILSD が多言語に対して汎用的に学習を行い，7 割以上の精度で有効な応答を行うことが確認された．

2.3.6　SeGA-IL は言語獲得に有効だったのか？

本節では，これまでの雑談システムを概観し，筆者らが開発した言語獲得機能を持つ雑談システム SeGA-ILSD について，その概要と性能評価実験の結果について述べた．

日本語，英語，中国語，ドイツ語の 4 ヵ国語を用いて行った性能評価実験の結果，どの外国語においても日本語以上に応答を返すことができた．また，SeGA-ILSD の応答の有効性についても，4 ヵ国語平均で 78.1 % の有効応答率を得ることができた．これらの結果から，SeGA-ILSD が多言語を対象とした場合にも汎用的に学習を行い，有効な応答を行うことが可能であることが確認された．

さらに，スペイン語，イタリア語，ポーランド語等の他の言語を用いて同様の実験を行うことにより，SeGA-ILSD の有効性をさらに検証していく必要がある．また，応答の有効性だけではなく，被験者の満足度を考慮した対話システムとしての性能も評価する必要がある．

このように課題は依然として残されているが，同様のアルゴリズムを用いて言語獲得を 7 割以上の精度で行うことができることが確認されたことは，SeGA-IL が言語獲得に有効であることを示していると考えられる．

2.4　まとめ

本章ではまず，言語獲得能力は知能と一体のものであるというアンダーソンの立

場を紹介しつつ，人工知能の実現と言語獲得システムの実現が切り離せない関係にあることを見た．また，コンピュータ上に言語獲得を実現するモデルとして，生成文法と普遍文法について簡単に説明した．次に，言語獲得についての発達心理学における研究の知見の例として，人間の言語獲得がどのような仕組みで行われるのかを説明するバイアスモデルを取り上げた．

言語獲得システムの実現には，人類の進化の過程で言語が生まれた理由とその仕組みを明らかにすることが必要であるという考えのもと，本章では筆者らが開発した「性淘汰理論を用いた遺伝的アルゴリズムによる帰納的学習手法にもとづく雑談型の音声対話システム」を紹介した．

このように言葉を学ぶことができる人工知能を開発するために，さまざまな取り組みが行われてきたが，現時点では人間と同等のレベルの言語獲得能力を持つシステムは実現されていない．

人間と同等の言語獲得能力を持つシステムは，人間と同じように言語を獲得し，最終的には人間と同等の言語理解能力を持つことができると考えられる．しかも，人工知能の場合，インターネット上の膨大な言語資源にアクセスすることができる．そのため，言語獲得能力を得たシステムは，あっという間に人間をはるかに凌ぐ言語能力を持つようになるだろう．こうした意味からも，人間と同じレベルの言語獲得能力は，超人工知能の実現に向けた重要なゴールの一つに位置づけられるのである．

第3章

感情処理：感情を理解するコンピュータ

　本章では，まず感情とは何かについて明確にしたうえで，これまで感情について行われてきた研究の概要を説明し，最後に筆者らの研究成果について簡単に述べる．

3.1 ｜ はじめに

　感情を理解することや表現することは，人間をはじめとする動物にとって，最も重要な認知的能力の一つである．人々が行う意思決定の多くは，自分や他人の感情の状態に影響される[265]．科学者たちは，何世紀にもわたって，感情に魅了されてきた．ダーウィンをはじめ[215]，多くの研究者がこのテーマに挑み，有名な著作を残してきた[252, 263, 264]．

　すべての人間は動物学的にはホモ・サピエンスという一つの種類であるため，人間のもつ感情は普遍的なものだとする立場がある[220]．一方，感情が文化や言語に依存し，絶対かつ普遍的ではないと考える別の研究もある[222]．とくに言語の種類に注目すると，この問題が興味深く見えてくる．この世には，6,000以上の言語が存在すると推定されている[266]．このように言語には多様性があるが，一方で，言語を会話で表現するということは文化によらず共通している．人々は会話によって，思想，意思そして感情を表現し，それらを共有する．

　私たち人類は，意識を駆使して論理や科学などを生み出してきた．これらはホモ・サピエンスに特有の産物であり，またこれらが登場したのは人類の歴史のなかで最近のことである．文明の発展に伴い，人類は新しいアイディアを発明し，それらを記録し続けてきた．論理や科学は，言わば人類を発展させるエンジンのようなものである．その一方で，私たちは感情を持つ．私たちは感情についていつも思いを巡らせているわけではないが，私たちのとる行動の動機は常に感情に左右されており，感情こそが人間性を決めていると言っても過言ではない．感情はまさに人類の発展にとってなくてはならないもの，すなわち，エンジンにとってのオイルのようなものだと言えるだろう．

本章では，そのオイルを，ロボットやコンピュータにも注ぐことができるかどうかについて考えていくことにする．そのためには，「主観的」な概念の代名詞とも言える感情を，「客観的」に測定するための，感情の科学を紹介する必要がある．

長年，感情は正確に記述したり説明したりするには捉えどころのなさすぎる概念であり，それについて考えるのは思想家の仕事であるとされてきた．感情が科学の対象として捉えられるようになったのは，たった100年ほど前のことである．また，コンピュータサイエンスや，人工知能研究，またはその下位分野（自然言語処理など）の対象に入ったのは，この20年ほどのことであり[269]，その短期間で数多くの研究がなされてきた．

本章では紙面の制約上，感情の研究およびその人工知能研究への応用のすべてを紹介することはできないので，最も代表的なもののみ紹介する．さらに知識を深めたい読者のために参考文献を数多く紹介したので，それらを参照してほしい．

本章の構成は以下のとおりである．まずは，感情に関する主な理論を紹介する．次に，コンピュータを用いた感情の研究について説明する．そのなかで，ロボットやバーチャルエージェント†における感情のシミュレーションや，感情認知の自動化を目指した人工知能研究について紹介する．後者については，人間どうしのコミュニケーションにおいて，感情がいくつかの異なる方法で伝達されていることを論じ，顔の表情，声，言語などの表現方法ごとの領域における感情認知の研究を紹介する．さらに，これまでどのような研究が行われてきたかについて紹介した後，最後に筆者ら研究についても簡単に紹介する．

3.2 感情の定義について

まず感情とは何かについて考えてみよう．それはどのように定義すべきだろうか？　結論から述べると，感情の現象に関して異論の余地のない完成された定義は，未だにできていない．すなわち，「感情」の唯一かつ完全で普遍的な定義は存在しない．それを求めてこれまでさまざまな分野の学者が挑戦してきたが，あらゆる感情を記述し，そのあり方を説明するような説得力のある定義は，依然として得られていない．

感情の定義を巡る議論において，さまざまな科学分野の専門家が，その分野に応

---

† 身体をCGなどで表現した，擬人化されたシステム．対話処理を行うことにより種々の仕事を行う．

じた数多くの定義を打ち出してきた[215, 220, 234, 246, 252, 261]．感情の種類をいくつにすべきかも状況によって変わる．根本的な感情に絞って数種類のみを挙げる学者もいれば[220]，十数種[246]，数十種[234]，挙げ句の果てには500種の感情を羅列する学者もいた[247]．

また，辞書ではどう定義されているかと言うと，中身のない説明がなされるのが常である．そこでは感情の存在は自明なこととされ，それを定義する試みは放棄されてしまっている．しかし，これは言葉で定義することの限界を示しているとも言える．

一例を挙げると，大きな努力と時間をかけて編纂されたはずの『大辞泉』は，この人間の根本的な要素について，次のような定義しか掲げていない．これは，「感情：物事に感じて起こる気持ち．外界の刺激の感覚や観念によって引き起こされる，ある対象に対する態度や価値づけ．快・不快，好き・嫌い，恐怖，怒りなど．」というものである[251]．

このような感情の定義は，感情の現象について何も語っていない．その代わりに，心理学者，社会学者，人類学者，言語学者などが感情に対してそれぞれの定義を打ち出し，感情を説明する学説を立てている．次節以降では，これまで世界的に知名度を得てきたいくつかの感情の定義と感情の理論を取り上げる．

また，伝達においては，感情はさまざまな手段によって表される．バーバル（言語的）なものとしては，たとえば愛称，間投詞，直接感情を記述する言葉，音声の変動，イントネーションなどがある．さらに，ノンバーバル（非言語的）なものとしては，たとえば，ボディ・ランゲージ（ジェスチャー，まなざしなどを含む），距離のとり方，会話中の間のとり方などがある．以下で感情処理の人工知能研究を紹介する際には，それぞれの伝達手段ごとに取り上げていく．

3.3 これまでの感情理論

本節では，これまでの研究を振り返り，いくつかの感情の理論を紹介する．なお，紙面の都合上最も代表的なもののみ紹介し，それ以外は参考文献を挙げるにとどめることにする．3.4.1項で感情の人工知能研究を紹介する際には，本節にて紹介した感情理論を参照することになる．

3.3.1 感情の普遍性を探る理論

「感情とは何か」という抽象的な問題以外にも，感情研究には「どのような感情があるのか」，「感情の特徴にはどのようなものがあるのか」，「感情をどのように研究すれば良いのか」など，感情の種類，共通点，研究の方法論などについての，より具体的な疑問が存在する．そうしたなかに「感情は普遍的なものか」という重要な問いがある．つまり，「人間の感情は人間に固有のものか，あるいは他の動物と共通しているのか」という問題だが，これに対しては前者の見方が主流となってきた．

◆ ダーウィンの感情論

第 2 章でも触れたが，進化論の基本的なアイディアは，すべての生き物（動物・植物など）は代々変更を繰り返しながら環境に合わせて生き延びるというものである．この考えをはじめて述べたのはチャールズ・ダーウィンである．現代の私たちには当たり前と思える彼の進化論は，発表した当時は多くの人にショックを与えたことだろう．当時の社会では人間は他の動物より一段階高い存在だという考えが一般的であり，ダーウィンの言う「すべての生き物」に人間も含まれると受け止めた人は多くなかった．しかし，ダーウィンが1871年に出版した『人の由来と性に関連した選択』[49]ではこの点が強調された．さらに，翌年（1872年）出版した『人と動物の感情の表現』[215]のなかでは，人間もこれまで進化してきた生き物の一つであるだけでなく，根本的なレベルでは，他の動物も人間とそれほど変わらない程度に感情を経験したり，表現したりすると表明している．この論文は，当時の人々に衝撃を与え，「人間としての自尊心・尊厳を揺るがした」とも言われる．図 3.1 の写真は，この本が出版されたころのダーウィンである．

図 3.1　ダーウィン

> **C**olumn　留学の達人のダーウィン
>
> 　時間というのは主観的に捉えられるもので，重要な年や日付というものは，人によって違うものだろう．たとえば 1831 年というのは，やがてコカコーラの発明者となるジョン・ペンバートン（John Pemberton）が生まれた年であり[216]，彼自身にとって大事な年となる．ところが，客観的な意味でもこの 1831 年は世界の科学にとって非常に大切な年になった．

3.3 これまでの感情理論

> 1831年12月27日の火曜日，年の瀬も迫ったこの日，真冬の寒いプリマス（Plymouth, イギリス）の港からビーグル号（HMS Beagle）という帆船が世界一周の旅に旅立った．そのデッキに立ち，愛しいイギリスを後にしたのは，若き日のチャールズ・ダーウィンであった[†1]．
> 　留学をして世界を知りたいという一心から父の反対を熱心に説得して押し切り，成人になったばかりの大志を抱いたこの少年が，ビーグル号の旅によって，たった5年間で世界的に著名な生物学者・地質学者になるとはこのときは誰も予想することができなかった．5年間もかかった世界一周の旅では，地球のありとあらゆる場所から無数の動物（甲虫など）や植物の多くの種類のサンプルを収集し，詳細な記録を行った．留学生のダーウィンにとってこの旅は進化論の概念のもととなった．しかし，『種の起源』[46]で有名になったダーウィンは，実は世界初の感情表現に関する科学論文を書き残し，将来の感情研究に大いに貢献したことについてはあまり多く語られていない[†2]．

　ダーウィンの研究は，具体的な感情の種類を一つひとつ分析したものというよりも，人間が示す感情のサイン（表現）が他の動物にも存在するという発見を強調したものだった．たとえば，人間とネコに共通する感情表現の例として，怒るときに歯を見せる行動や，恐怖を感じるときに鳥肌が立つことなどが挙げられている．一方で，ダーウィンは感情に対する類型学的な検討（どのような感情の種類があるか，それが種類間で異なっているのかなど）はあまり行っていない．むしろ，すべての動物が感情を表現するという事実を，すべての動物が「進化」という自然の原理によってつながっていることの有力な証拠とみなした．図3.2に，種として遠く隔たった動物の間でも感情の表現には共通点があることの一例を示す．人間とネコで，怒ったときの表情に共通点があるのがわかるだろう．

　また，ダーウィンの観点は，精神分析で有名になったジークムント・フロイト[†3]をはじめ，次に紹介するポール・エクマン等，数多くの研究者に影響を及ぼしたほか，現代の私たちの常識の一部ともなっている．

[†1] ビーグル号の出発は10月に予定されていたが，延期になってしまい，結局12月にとうとう帆船が港を出発した．ちなみに，その2か月後にロンドンでコレラの流行が始まり，3000人以上の命を奪った．もしビーグル号の出発がさらに延期になりダーウィンもコレラに感染していたら，今日の世界の科学はどうなっていただろう．

[†2] ダーウィンは甲虫を集めることが趣味で，世界レベルの研究者として名を上げた．また，留学をしたおかげで，自分の視野のみならず世界の人々の視野を広げることができた．これから子供がクワガタやカブトムシが好きだと気づいたら，将来のダーウィンになるかもしれないので，決してそのことを軽視せず応援するのが良いかもしれない．また，留学を勧めるのも良いかもしれない．

[†3] ジークムント・フロイト（1856年-1939年）は，オーストリアの精神分析学者，精神科医．

図 3.2　人間と動物の感情表現の共通点の例 [216]

◆ エクマンの基本感情

次に紹介するのは心理学者ポール・エクマン（Paul Ekman）†である．彼はダーウィンの研究にならって感情の普遍性に注目し研究を進めた．エクマンがダーウィンと違っていたのは，抽象的な概念としての感情をそのまま扱うのではなく，人間の顔を研究対象として取り上げたことだった．この題材をもとに，もし感情がダーウィンの言うように普遍的であるならば，具体的にどのような感情の種類に普遍性があるのかを調べるという研究を行った．

エクマンが大学で研究を始めた当初は，感情の表現が普遍的ではなく，むしろ強く文化に依存し，ある文化における顔の表情（感情表現，まなざし，しぐさなどなど）についての知見は違う文化には当てはまらないという意見が主流であった．当時この考えを主張していた代表的な人物は，人類学者のレイ・L・バードウィステル（Ray L. Birdwhistell）であった．ノンバーバル・コミュニケーションの研究に人生をささげたバードウィステルにとっては，しぐさ，表情など，感情と関連しているものは文化ごとに絶対に異なるものであった．彼はそうした主張のもと，顔の表情やボディ・ランゲージをより客観的に記述するためにキネシクス（kinesics, 動作学）という分野を創設した [222, 223]．

> **C**olumn　キネシクス
>
> キネシクスでは，各身体の動作を細かいパーツ：kineme（動作素・表現素）に分解し，それを組み合わせて一連の動作を記述する．バードウィステルは，人間における動作（しぐさ，表情）はコンテキスト・文脈（場面や文化なども含む）によって違う意味を表せると主張し，言語学における phoneme（音素，音声の基本的なパーツ）や morpheme（形態素，文法の基

† ポール・エクマン（1934年-）は，アメリカの心理学者．感情と表情に関する先駆的な研究を行った．

本パーツ）と同じように，しぐさや表情なども言語のように記述・分析できると主張していた．こうした考え方は「ボディ・ランゲージ」あるいは「身体言語」などという概念の誕生につながっていく．バードウィステルは，キネシクスの発案によって，そうした研究分野をつくり出すのに大きく貢献した．

しかし，エクマンは自分自身の経験から直感的に，まったく違うバックグラウンドの人どうしでも，ある感情の表現（怒りや恐怖の表情）が必ず同じように解釈されるという事実に気づいていた．彼は，「ひょっとすると，感情はそれほど文化に依存せず，普遍的なのでは？」と考え，それを証明するための調査に取りかかった．

そこで，エクマンはさまざまな人種，社会的バックグラウンドの人々を対象に調査を行った[219]．すると，西欧文化圏に限らず，アジアの民族（日本人も含む[221]）や白人の顔すら見たことがないパプアニューギニアの住民も，怒った顔，怖い顔，楽しい顔などの写真を見せられると，なんとほぼ全員が正しい感情，つまり写真の人物の意思通りの感情の種類を言い当てたのである．エクマンはこの発見をもとに，基本感情の理論を提案した．

とは言え，この調査は考えられるすべての感情の種類に対して行ったものではなかった．それ以前の研究で得られた結果をもとに，エクマンはどの人でも大体同じように判断をした6種類の感情の特定した．それらは，怒り，嫌悪，恐れ，幸福感，悲しみ，驚きである．この6種の感情を，エクマンは普遍性のある基本的な感情であるとみなして基本感情と名づけた[220]．エクマンは，この基本感情の理論の普遍性を証明するために，数多くの調査を繰り返した．いまなお十分な証拠が得られておらず，研究は続けられている．一方，基本感情の概念は，感情の研究者にとっては非常に魅力的で便利な概念となり，人類学，感情の科学，認知科学などの分野で多用されている．ちなみに，顔の表情の専門家となったエクマンは，人が嘘をつくときの表情を検知することができるようになり，「世界で最も正確な，歩く嘘発見器」としても知られている．研究成果としても重宝されており，エクマンはアメリカのFBI（連邦捜査局）やCIA（中央情報局）の調査官を対象としただましや疑わしい行動を発見するための研修において講師を務めるまでになっている．図3.3は2013年ころのエクマンである．

図3.3　エクマン（写真提供：Paul Ekman Group.）

> **Column エクマンの生い立ち**
>
> 研究者が研究に取り掛かる際の動機にはさまざまなものがあるが，個人的な経験がそのきっかけとなることも多い．子供の誕生など喜ばしいことが研究のモチベーションになることもあれば，愛しい人の病気や死亡でさえ何かのきっかけになるケースがある．有名な事例の一つに「ロレンツォのオイル」がある[117].
>
> これは，ごく普通の銀行家であったオーギュスト・オドーネ（Augusto Odone）が，難病（副腎白質ジストロフィー，ALD）に悩む息子ロレンツォ（Lorenzo）の命を救うために自ら薬理学を勉強し，ALDを完全に治すことはできずとも症状を緩和する効果を持つ，いわゆる「ロレンツォのオイル」（エルカ酸とオレイン酸の配合した脂肪酸）を開発したという話である[118].
>
> 感情の研究者のなかにも，同じような動機から研究に取り掛かった人物がいる．その人物とは，基本感情の理論を提案したポール・エクマンである．エクマンは，14歳のときに母親を自殺により亡くしている．エクマンのお母さんは，双極性感情障害だったと言われている．これは躁うつ病の一種で，うつ病と躁病の症状が繰り返すことを特徴とし，診断が難しく気分障害とみなされることが多い病気である．
>
> 母の死という衝撃的なライフイベントを経験したポール・エクマンは，母のような人を救うことを誓い，その翌年，たった15歳のときにシカゴ大学への入学に成功する．大学時代はとくにグループセラピーや臨床心理学†に興味を持ち，修士課程在学中に始めた顔の表情に関する研究により，彼は世界レベルの研究者の仲間入りを果たした．その後，20世紀で頻繁に論文が引用される上位100人の心理学者の一人として知られるまでになった．
>
> なお，人の心まで見抜けるという名声のため，エクマンの研究は，アメリカのアクション／ミステリーのテレビドラマ，"Lie to Me"（「ライ・トゥ・ミー 嘘は真実を語る」）[224]のもととなり，エクマン自身がそのドラマの主人公（カル・ライトマン博士）のモデルとなった．

3.3.2 感情の次元を探る理論

感情の普遍性を探すということは，すなわち感情どうしの共通点を探すということでもある．それと並んで，ある感情がポジティブなのかネガティブなのか，大きなエネルギーの発散を伴うかどうかなど，いくつかの軸を設けて感情を分類するという方法がある．これは，感情の次元に着目したモデルと言われている．

◆ ラッセルの円環モデル

感情に関する研究が最高潮に達した1970〜80年代には，ありとあらゆる研究者がどうすれば感情をシステマティックに記述できるのかについて考えていた．その

---

† 精神病を研究し対処方法を開発するための心理学の分野．

なかで，現在まで強い影響を与え続けているのは，ジェームズ・A・ラッセル（James A. Russell）の感情の円環モデルである．図 3.4 にラッセルの写真を示す．また，図 3.5 にラッセルの円環モデルを示す．

　ラッセルは，人間の感情を二つの直交する軸上に配置したモデルを提案した．ここで二つの軸とは「快 – 不快」，「覚醒 – 睡眠」である．このモデルでは，二つの軸の交点を中心に感情が円環上に配置されていることから，ラッセルの円環モデルと呼ばれている．

図 3.4　ラッセル
（写真提供：James A. Russell）

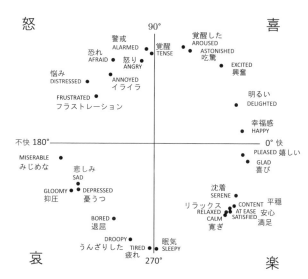

図 3.5　ラッセルの円環モデル

　ラッセル以前の多くの心理学者や人類学者は，感情をシステマティックに記述するために，感情にラベルをつけることを考えた．たとえば，エクマンは，怒り，嫌悪，恐れ，幸福感，悲しみ，驚きなどというラベルをつけることで，たとえば顔の表情について研究するときに，恐怖を表す顔，喜びを表す顔というカテゴライズを行った．

　しかし，ラベル数が多くなると，専門家ではない一般の被験者からすると，いくつかのラベルの意味を区別するのが難しくなってくる．これが，顔の表情とラベルの相関関係を計算する際の曖昧さや誤りの原因となる．顔の表情においても，ラベル（ある感情を記述する単語）においても，人間の判断が主観的であることにより，曖昧さやばらつきなどが生じてしまうのである．このような主観性は，感情が長年研究対象として成立しなかった原因の一つであった．しかし，ダーウィンの仕事を

筆頭に感情に対する科学的な研究がなされるようになってくると，この主観性の問題を何とかしなければならないという意識が強くなっていく．恣意的なラベルのみでは感情をシステマティックに分類することが難しかったため，因子分析[†]を用いた抽象的な記述方法の実現への期待が高まっていった．

　その一つとして，感情の共通要素を個別な「次元」と考え，その次元を用いて感情を記述する試みが行われた．1952年にハロルド・H・シュロスバーグ（Harold H. Schlosberg）が最初に感情を valence（ヴァレンス，快感），つまり快・不快に導くかという観点，および attention / rejection（興奮・沈静）という観点を軸とした2次元で記述することを提案した[235]．図 3.6 にシュロスバーグの2次元感情モデルを示す．しかし，感情への次元的なアプローチを始めたシュロスバーグ自身は，感情の次元について考え続けた結果，2次元では不十分だと判断し，arousal（覚醒）（または，activation（緊張・活性化））と sleepiness（弛緩）を三つ目の次元として加えた[237]．

図 3.6　シュロスバーグの2次元感情モデル

　しかし，次元を増やすことには，実験に参加した被験者が各次元の違いを理解しづらくなるという問題があった．たとえば，緊張と興奮はどう違うのかや，興奮したままで弛緩するという感情は被験者にとって想像しにくかった．そこで，1980

[†] 因子分析とは，多変量データに存在する共通因子を抽出するための手法．

年にラッセルは次元を統合し，感情を記述するには快感と活性化という 2 次元のみで十分ではないかという提案を行った[234]．

ラッセルはそのことを証明するために二つの実験を行った．まず，一般人における感情の認知構造[†1]と感情状態についての自己報告にもとづく調査を行った．この実験では，心理学者が普段行う精神分析のようなことは一般人にもできるということ，つまり誰しも感情の認知力を持っていることを前提とする．その上で，感情を表すいくつかの感情表現（形容詞など）についての質問をし，多次元で表してもらう．この実験から明らかとなったことは，感情の種類を 2 次元に並べると，円形を描くということであった．

ラッセルはこの結果を確証するため，被験者に自分の感情状態を語らせ，ある日に感じた感情状態をより良く記述する表現（単語，ラベル）を選出してもらった．さらに，実験を様々な人種・バックグラウンドの被験者に対して繰り返し，感情を環状に記述することができることを示した上で，次の結論にいたった．それは，完璧な環状にならない場合もあるものの，多次元（3 以上）よりも，2 次元の方がより正確に感情を記述でき，かつ相互関係が見られやすい，すなわち 2 次元で十分であるということであった．ラッセルの感情の円環モデルは，現在も頻繁に引用され，人工知能研究における感情処理研究にも頻繁に応用されている[†2]．

◆ プルチックの感情の輪

これまで見てきたように，ダーウィンのおかげで感情は科学の対象となり，その後，さまざまな研究者が感情のモデルをつくり，その現象を説明しようとしてきた．エクマンのように主に大規模な実験や統計的相関をもとに感情の理論をつくっていった人もいたが，感情の存在やそのモデルを論理的に証明しようとするアプローチをとる人もいた．その第一人者が，ロバート・プルチック（Robert Plutchik）であった．

プルチックは，ダーウィンを受けついで感情（主に人間の感情）は進化を通して発達してきたと考え，エクマンと同様に基本感情の存在を強調した．しかし，プルチックの基本感情のリストはエクマンと異なっていた．

エクマンは人の表情に着目し，データをもとに普遍的な感情を類型化した．その

[†1] 感情についての一般常識・コモンセンス．
[†2] 感情の円環モデルについて説明した代表的な論文（"A circumplex model of affect"[234]）は，2016 年 4 月現在約 1 万回以上引用されており，心理学分野に変革をもたらした古典的論文として認識されている[245]．

ため，エクマンの基本感情のリストは，きちんとしたモデルを構成していなかった．これに対してプルチックは，システマティックかつ整然とした感情モデルをつくろうとし，いくつかの仮定をした．一つ目は，各感情の種類には，反対感情が必ず存在するという仮定である．8個の基本感情を提案し，それぞれ喜び（joy）-悲しみ（sadness），受容（trust）-嫌悪（disgust），恐れ（fear）-怒り（anger），驚き（surprise）-期待（anticipation）がペアをなすとした[246]．次に，基本感情の程度（強さ）を3段階で設定し，基本感情の組み合わせから複雑な感情が構成されるとする仮説を提唱した．また，ラッセルと同じく，感情を円（輪）状に並べた．しかし，それは実験と因子分析により導出されたモデルではなく，あらかじめモデル内に論理的矛盾が生じないように，対照的な感情を反対側に配置したものであった．ラッセルのモデルとのさらなる違いとして，2次元のみではなく，感情度（感情の強さや深さなど）や複雑な感情も表現するために円錐形（コーンの形）の表現を用いた．図3.7にプルチックの感情モデルを示す．

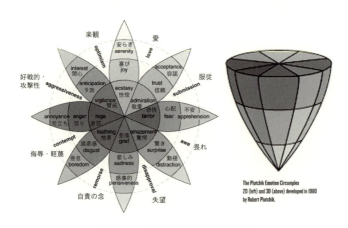

図 3.7　プルチックの感情モデル

美しさを重視したプルチックのモデルは，さまざまな批判を浴びた．一つは，モデルの清潔さそのものに起因するものであった．プルチックのモデルは矛盾がないようにできているが，日常的経験からすると，人間の感情には矛盾や曖昧な部分があることは珍しいことではない．たとえば，戦争を終えて家に帰ってくる兵士を迎える妻には，愛しい人に再会できる嬉しさや安心に加えて，今後また戦線に呼ばれるかもしれないという不安や恐怖，さらには戦争そのものが存在するということに

対する怒りや憎しみなど，より複雑な感情が存在するだろう．このような複雑な感情は，特定の感情をピンポイントに指定することを求めるこのモデルでは表現することが難しい．

また，反対感情が存在すると仮定したとしても，具体的にどの二つの感情が反対になっているのかが明確になっていないという批判もなされた．たとえば，喜びは悲しみの反対に位置しており，これはラッセルの因子分析を用いたモデルでも快と活性化の両軸がつくる平面内で反対に位置しているので両モデルで一致している．しかし，プルチックによれば恐怖の反対感情は怒りであるが，ラッセルのモデルでは，快と活性化の両軸において反対の感情は安心であるので二つのモデルは食い違う．プルチックは誰かが自分をコントロールするのか，それとも自分が相手をコントロールしようとするのかという優越の違い（Dominance =「優越」の次元）をもとに反対感情を定義したために，このような差が生じたのである．

さらに，プルチックの感情モデルは，感情の種類によって反対感情を定める次元（評価軸）が異なり，論理的矛盾はなくても理論的な整合性を欠くことや，モデルがラベルの名称に依存することに対する批判も受けた．また，各感情には必ず反対感情が存在するという仮説に対しても，疑念が唱えられた．たとえば，興奮というラベルに対して，その反対感情とは何かと考えてみても，ネガティブに興奮する（例：喧嘩）こともあれば，ポジティブに興奮（例：試験に合格した，好きな歌手のコンサートに行った）することも考えられるため，はっきりとしない．そのほかに，モデルの不完全性も指摘されている．たとえば，「楽観性」などの性格に関する感情のラベルは含まれているが，「恥（恥ずかしさ）」や「自尊心・誇り（プライド）」などは人間の社会的行動に不可欠であるにもかかわらず含まれていない．

このような難点はあるものの，プルチックの感情モデルには，感情の主観性や曖昧性を排除し，モデルとして体系立っているという，ほかにはない利点があった．そのため，心理学はもちろん，工学，情報学，人工知能等の分野で頻繁に応用されるようになり，現在でも大きな影響力をもつモデルとなっている．

3.3.3 機能に着目した感情理論

科学では，事例にもとづいた具体的なモデルのほかに，ある現象の全体を記述できる抽象的なモデルを提案するという方法もある．人工知能の分野でも，論理的な動作を可能とするために抽象モデルが有効である．感情についても，そうしたモデルがいくつか提案されている．

◆ OCC感情モデル

これまでに紹介した感情のモデルは，感情のラベルや注目する次元がさまざまに異なっていたが，ラベルやそれを表す表現そのものが重視されているという共通点があった．それに対して，感情の表現ではなく，感情を生み出すプロセスに注目した研究もある．3.3.2項で述べたプルチックの感情モデルは，モデルそのものの使いやすさを重視した点で先駆的な試みであったが，それと同じくモデルの美しさを重視しながらも，何をモデル化すべきかについて大きな発想の転換をする動きが見られた．

人間の行動のみを見て思考プロセスの役割を軽んじる傾向のあった行動科学や行動心理学に対する批判を受けて，1970～80年代に盛り上がったのが認知科学および認知心理学である．それと同じ時代に，人工知能，情報科学等のコンピュータを使った研究も急発展を始め，人間の思考プロセスやそれを実現するアルゴリズムを開発しようしていた研究も，認知科学の影響を多く受けたが，感情の研究にもその影響が見られた．その一例として，そろそろ「感情には6種類あるのか8種類あるのか」といった議論から離れるべきではないかという考え方が出てきた．表現そのもの（顔の表情など）ではなく，「どうしてその表現になったのか」，「誰・何が感情の対象なのか」，「このような感情にいたる道（プロセス）は何だったのか」などの疑問が最前線に出てきたのである．

そうした疑問にもとづき，はじめて認知科学の視点から感情モデルの提案を行ったのが，計算機科学者のアンドリュー・オートニー（Andrew Ortony），心理学者のジェラルド・L・クローレ（Gerald L. Clore）と，認知科学者のアラン・M・コリンズ（Allan M. Collins）という3名の精力的な研究者らであった．彼らは，主に人間の思考回路・推論における感情，すなわちプロセスとしての感情に着目し，そのプロセスに関係する要因を明らかにしていった[251]．彼らが開発した感情モデルは3人の頭文字をとってOCC感情モデルと呼ばれた．このOCCモデルは，このモデルをコンピュータへ応用し，人間の感情について推論することができるような人工知能システムを開発することを最終目標に掲げていた．

このモデルでは，中心的仮説として，人間における感情に関する推論・認知的プロセスは「イベント」，「エージェント」，「オブジェクト」の3要素で成り立っていると仮定する．感情は，外界についての認知のそれら3要素に対する評価反応を表したものとなる．たとえば，あるイベントの結果が満足できるものかどうか，あるエージェントの行動が是認できるかどうか，あるオブジェクトの特性が好きか

嫌いかということが，表出される感情を決めることになる．

　これ以外にも，感情の強度を表すためにいくつかの変数が用いられる．イベントの「望ましさ」はイベントの「結果」をもとに評価され，エージェントの行動の「善さ」は行動の「規範」をもとに評価され，オブジェクトの「魅力」はオブジェクトに対する「態度」をもとに評価される．さらに，モデルを構成する要素は，ローカル変数とグローバル変数に分けられ，十数種類が存在する．このように構成したモデルにおいて，実際の場面に応じて各変数に「値」と「重み」を与え，それがある閾値以上になれば，人は感情を主観的に経験すると考える．この OCC モデルの大きな利点は，人間における主観的経験（感情）を，論理の記号を用いて形式言語で表現できる点であった．

　この OCC 感情モデルは，プルチックのモデルと同じく抽象的なレベルではきれいに整理されている．このように人間の主観的経験を数値化し，それをコンピュータ上に実装すれば，人間の心を読み解くアルゴリズムがすぐ手に入ると OCC の 3 人は期待していた．しかし，このモデルには大きな課題があった．

　このモデルの狙いは，不完全な結果しか得られてこなかった従来の行動科学の難点を克服するために，事例サンプルからすべての感情を記述できる抽象的モデルを提案することであった．モデルを実際にコンピュータ上に実装するには感情経験の事例サンプルが必要であった．しかし，モデル開発者が自ら十分な事例を集めることは難しく，実際にはモデルの有効性を示すためのいくつかの例が提供されただけであった．そのため，いまでも OCC 感情モデルでは事例を追加する作業や，行動推論に活かすための試みが続けられている[253]ほか，他のモデルと組み合わせるなどのモデル変更の試みも行われている．

◆ Salovey & Mayer の感情的知性

　これまで紹介した感情理論を含む従来の考え方では，感情は知能や知性の対極にある概念としてみなされてきた．しかし，1980 〜 90 年代の心理学や社会心理学の発達とともに，それまで自明視されていたいくつかの概念が再定義され，感情についての見方にも変革がもたらされた．

　最初の変革は，人間の知能に関する考え方に対してなされた．伝統的には，知能や知性とは，抽象的で複雑な概念を理解することや，環境に柔軟かつ効率良く適応すること，計画を立てること，またさまざまな問題の解決を可能にする機能だと考えられていた[254, 257]．しかし，1983 年にアメリカの発達心理学者ハワード・ガー

ドナー（Howard Gardner）は，多重知性・知能理論を提案し，こうした一枚岩的な知能観に異議を唱えた[266]．IQ テストの妥当性を研究していたガードナーは，被験者によって得意な IQ テストの課題が異なることに気づき，人間の知能は一つの固定した概念ではなく，いくつかの知性の種類の複合体であり，しかもそれらすべてが平等に発達することはほとんどないということを明らかにした．ガードナーは，8 種類の知能・知性のカテゴリーを定義した．それらは，話し・書き言葉や言語発達に関係する「言語的知能」，数学的・論理的思考に関係する「数学・論理的知能」，空間や方向定位と関係する「空間的知能」，ダンスやスポーツと関係する「運動・身体的知能」，音楽のリズムや和音，音色などと関係する「音楽的知能」，外交・政治的能力や人付き合いと関係する「対人的知能」，自己理解・自己管理と関係する「内省的知能」，動物や植物の種類を見分けることと関係する「自然・博物的知能」である．

ガードナーのアイディアをたたき台として，多数の研究者が新たな知能の種類を追加する試みを行っている．そのなかでここに取り上げたいのが，「感情的知性・知能の理論」†である．

人間の感情に関係する知能は，ガードナー自身を含む何人によって言及されてはいたが，感情の理論としてはじめてその定義を打ち出したのは，社会心理学者のピーター・サロベイ（Peter Salovey）と人格心理学者のジョン・D・メイヤー（John D. Mayer）であった（図 3.8）．

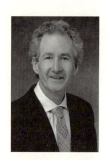 

図 3.8　メイヤー（左）とサロベイ（右）
（写真提供　左：Lisa Nugent, UNH Photographic Services, 右：Yale University）

1990 年の彼らの論文では，感情的知性は「自己や他者の感情を察知・認知し，

---

† 「感情的知性」（Emotional Intelligence）という概念は 1985 年の W.L. ペイン（Payne）の博士論文[258]ではじめて使われたと言われている．

異なる種類の感情を区別し，その情報を自己および他者における感情の調節，モチベーション，また他人との関係づくりに用いる能力」と定義されている[259]．このように感情を定義することで，感情は単なる刺激への反応ではなく，社会において生きるのに不可欠な能力の一つであると認識されるようになった．また，このことは心理学・認知科学における新たな研究の道筋を開き，知能をモデル化しようと試みる人工知能研究にも大きな影響を与えた．人工知能研究にとって，感情的知性論で提案された能力の分類の仕方は注目に値する．サロベイとメイヤーによるフレームワーク[261]では，感情的知性は自己および他者との関わりにより以下の四つのグループに分けられる．

① 感情の認識，認知，評価および表現
② 感情の思考・推論を成立させる能力
③ 感情情報の理解と分析，感情に関する知識の実用
④ 感情の調節・調整

各グループはさらに 3〜4 個の具体的な能力に分類される．

人工知能研究では，これらの能力をコンピュータ上に実現しようとする試みも行われており，アフェクティブ・コンピューティング（Affective Computing, 感情処理）と呼ばれる分野が成立している．

ちなみに，感情的知性が広く認識されるようになったのは，ダニエル・ゴールマン（Daniel Goleman）の 1995 年のポピュラー・サイエンス本『EQ：心の知能指数』（原題："Emotional Intelligence: Why It Can Matter More Than IQ"）[262]が出版されてからである．ゴールマンは，成功するリーダーをどう育てれば良いかなど，主に企業向けの指針としてこの概念を用い，感情的知性が職場でも実用的であることを示した．それによって，ゴールマンは感情的知性を世に広めた立役者として知られるようになった．

こうして，「感情的にならないで良く考えなさい」という言い方は説得力を失い，まさに「感情的になって（＝感情的知性を装備して）考えた方が良い」という言い方ができるようになった．また，現在，IQ（知能指数）と並ぶ知能テストとして，サロベイとメイヤーが他の何人かの共同研究者と開発を進めた EQ（感情知能指数）は，海外の企業を中心に頻繁に用いられている．

3.4 人工知能分野における感情処理研究

3.4.1 アフェクティブ・コンピューティング—感情処理分野の誕生

前項で触れた感情処理を一つの分野として立ち上げたのは，MIT教授のロザリンド・W・ピカード（Rosalind W. Picard）である（図3.9）．もともとセンサー工学やパターン認識を専門としていたピカードは，人工知能の研究を手がけるなかで将来人間と共存するロボットには感情を理解する機能が不可欠だとの思いを強くし，そのための専門分野の必要性を強調した．彼女はまずアイディアを短い論文にまとめ[268]，続いて分野誕生の象徴となる書籍を出版した[269]．それまで感情処理はニッチな領域で行われてきたが，ピカードの書籍をきっかけとして，感情をコンピュータ技術で取り扱う新しい研究が盛り上がり始めた．

図3.9 ピカード
（写真提供：Andy Ryan）

さて，ピカードが創立したアフェクティブ・コンピューティング[†1]（Affective Computing）分野とは，どのようなものなのか．ピカードによると，アフェクティブ・コンピューティングとは，人における感情を認識，解釈し，その情報をさらに利用し，感情に適した応答を与えるシステムおよびデバイスを開発することを目的としている．

感情を研究対象とした他の分野（心理学，生物学，行動科学，認知科学など）とのはっきりした違いは，人間の感情のみに注目することである．ダーウィンは人間を動物の一種と位置づけて感情を研究していた．また，行動科学の初期の時代においても，イワン・パブロフ（Ivan Pavlov）が犬を使って行った実験[†2]は有名である．

また，ピカードの言うデバイスはかなり広い概念であり，すぐに思い浮かぶようなロボットはもちろん，たとえば，瞬き回数の変動をもとに苛立ちや高ぶりを測るセンサー付きのメガネや，ハンドルに含まれた汗（皮膚の伝導度）をもとに運転手の緊張の度合いを測るセンサーなども含まれる．また，身近な例を挙げると，脈拍を

[†1] 感情処理，感情コンピューティングとも言う．
[†2] パブロフの犬：動物において，訓練や経験によって後天的に獲得される反射行動をソ連の生理学者イワン・パブロフが発見した．この反応は条件反射（あるいは条件反応）と呼ばれる．この実験はパブロフの犬の実験として有名になった．

測る Apple Watch†のセンサーなど，いわゆるウェアラブルコンピュータも皆，この定義に含まれる．また，センサー情報を取得するデバイスのみならず，その情報をどのように処理すれば良いかを定める計算モデルも，感情処理分野の研究課題である．たとえば，「顔の表情から感情を認知する」というような特定の課題に着目し，計算モデルを改善して最適化を目指す研究などは，アフェクティブ・コンピューティングにおける典型的な事例である．

この分野の研究領域は，感情認知・解析と感情合成・シミュレーションの二つに大きく分けることができる．前者は，センサーおよび情報収集方法をもとにユーザ感情を読み取り，それらを正確に解釈し，感情が認識できるロボットを開発することを目的としている．後者は，人間における感情の経験をモデル化し，それをロボットに導入することで，感情がわかるだけでなく，感情を持ちそれを表現するロボットの開発を目的としている．この二つのうち前者，つまり感情認知の方がより多くの注目を浴びており，研究事例も多い．ピカードを含む感情処理分野の研究者の多くは，一部では感情合成を含む研究を行っていたとしても，感情認知や感情情報解析およびその効率的な利用に軸足を置いている．人間の感情についての科学的な知識が現時点ではまだ不十分であるのがその主な理由だが，未完成の感情経験のモデルをロボットに導入するという試みが予想外の結果をもたらす心配も，その一因となっている．

以下では，感情認知分野を中心に，代表的あるいは最新の研究を紹介する．

Column　感情処理研究への素地をつくった歴史的背景

　科学の世界では，急な変化や革命が起きることは多くない．革命的な発見も，必ずそれまでの研究がもとになっている．たとえば，病気がばい菌やウィルスによって引き起こされるという考え方は，もはや現代人にとっては常識だが，もともとはイタリアの科学者のジローラモ・フラカストロ（Girolamo Fracastoro）によって 16 世紀にはじめて提案されたものであり，「コンタギオン説」または「接触伝染説」（germ theory of disease）と呼ばれていた．ところがフラカストロ自身はそれを実証できず，批判も受けたとされる．その後，17 世紀には細菌が顕微鏡で観察されるなどしたが，フラカストロの説が実証されたのは，提案から 3 世紀が経った 19 世紀になってからだった．

　このように時代に先駆けていたフラカストロの説だが，この革命的な仮説ですら無から生まれたわけではなく，もともと存在していたミアズマ説がもとになっている．古代ギリシャから存在したミアズマ説は，病気は死体から出てくる悪い匂いから生まれるという考えであ

---

† アップル社が 2015 年に発売した，スマートフォンと連携し種々の機能を持つ腕時計型端末．

った†.
　ロボットやコンピュータを用いた感情の研究も，この例と同じで，いくら革新的に聞こえたとしても，急に出現したものではない．その背後には多くの分野の研究の歴史があり，異なる知識を総合せずにはいられない科学の性質を考えれば，必然性をもって生まれた分野だと言えるだろう．
　感情処理分野のもととなった研究としては，たとえばすでに紹介したもののなかにもいくつかの例が挙げられる．3.3.1 項で紹介したエクマンは，顔の表情をより正確に記述するのに，コンピュータを用いて顔の表情認識システム FACS の開発を行った．また，3.3.3 項で紹介した OCC の 3 人も，感情モデルを提案する際には最初からコンピュータへの導入を目的としており，その研究は現在でも続いている．

3.4.2　感情解析研究

　感情解析の研究分野は，人の感情を示すありとあらゆる表現を見つけ出し，それをコンピュータで解析し，ユーザの感情状態を読み取ることを目的としている．解析の対象となる表現方法には，たとえば以下のようなものがある．

- 顔の表情（口が上がっているか下がっているか，眉毛を寄せているかなど）
- 声の変動（イントネーション，音調や抑揚など）
- ジェスチャー（身振り手振り）
- 言語（使われている言葉や，会話の流れなど）

　これらの表現に関する情報を自動取得し，解析し，その解釈をもとにユーザの感情状態を認識・推定・予測する．このようなアプローチの前提には，私たち人間は日常の会話や相互作用するなかで他人の感情をある程度読みとれるのだから，コンピュータでもそれができるはずだという期待がある．そして，それを人間レベルの，あるいは人間を超える感情認知機能にまで高めることがこの分野の目的である．
　感情認知のプロセスは，(1) 情報取得と (2) 情報解釈という 2 段階に分けられる．前者の情報取得段階では，まずユーザから情報を取得しなければならない．怒りの感情を例にとると，取得すべき情報としては，顔写真（例：怒った表情），音声（例：普段と比べて高い音調の声），言語（感情的な言葉の連続，感嘆詞，誹謗中傷語）などが挙げられるだろう．その後，情報解釈段階にて，取得できた情報がどの感情に最も一致しているかのマッチングを行う．情報取得の段階では，顔の録画に使うカメラ，マイクなどのセンサーやメールの内容，Twitter の書き込みなど

---

† マラリアという病気も同じ語源を持ち，"mal（悪い）aria（空気）" という学名で現在も知られている．

といった多種多様なデータが利用できる．一方，情報解釈の段階では，既存の感情モデルが用いられる．どの表現領域を使うにしても，より正確かつ規模の大きいデータを取得し，より正確に感情をマッチングできるモデルを用いることが成功につながる．

また，使われるセンサーなどの情報源は表現領域（表現の種類）によって当然異なり，どれを使うかは結果に大きな影響を与える．手元にあるデータに対して，どの感情モデルを用いれば良いか，既存のモデルをそのまま使って良いか，改善しなければならないか，あるいはゼロからつくった方が良いか，という問題は，常に感情解析の研究の課題となっている．

ここでは，表現領域ごとに，それぞれの研究を紹介する．現在，各表現領域では，非常に数多くの研究が行われ，すべての研究を紹介することは紙面の都合上できないので，いくつかの代表的な研究を紹介することとする．

◆ 顔の表情処理

顔の表情については，3.3.1 項で紹介したエクマンによるところが大きい．「エクマンの基本感情」をはじめ，彼は70年代にこの分野での基礎を築いた[236]ほか，顔の表情をより客観的かつ正確に記述できるように，FACS（Facial Action Coding System，顔の動作記述システム）と呼ぶソフトウェアを開発した（図 3.10）．これは，静止画の顔写真を入力することで，顔筋の動きにより顔の特徴的領域がどう変わるかを分析し，顔の動作ユニット（Action Unit: AU）を定めた上で，表情と感情との結びつけを行うというものである．FACS を用いると，たとえば，眉毛を上げ（AU1+AU2），まぶたを広く開け（AU5），あごを下げて口を開ける（AU26）という顔の動作のセットは，「驚き」を表すということなどがわかる．この方法は，バードウィステルが提案した動作素とも通じるものであり，そのアイディアをコンピュータ上に実現したものとも言える．

基準を設けてマッチングを行うこうしたエクマンの研究には，いくつかの問題点が挙げられる．まず，ほとんどの研究では，訓練データとして俳優が演じたはっきりした表情が使われていたため，一般人の日常的な表情に対しては性能が下がってしまうという問題点があった．また，FACS に感情を設定するために，訓練を受けた人間のアノテーション（ラベル付け）専門家を雇わなければならず，その作業では1分間の動画のアノテーションに約1時間もかかるという問題点もあった[233]．そこで，アノテーションの自動化が一つの課題となった．そのほかに，FACS は

静止画像の分析のために開発されたものだったので,リアルタイムに表情が変化する現実的な状況では利用できないという問題点もあった.動画処理やリアルタイム処理に加え,顔の角度に依存しない分析を可能にすることも,現在まで残された挑戦の一つである.また,それが技術的に実現できたとしても,表情の感情分類の性能を維持するという課題が残されている.

顔の表情からの感情認識の研究については,文献 [214] に詳しくサーベイされている.

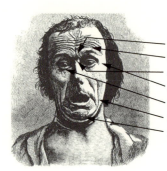

図 3.10 FACS システムの典型例(顔の絵は [216] より)

◆ 音声情報処理

人間が会話で何かを伝えるときには,必ず二つの道具を用いている.一つは会話の対象を示すための言葉(言語)という道具であり,これが「何」を伝達するのかを決める.もう一方で,話し手の会話対象への態度を示すための声のトーンという道具も用いており,これが「どうやって」伝達するのかを決めている.前者における感情処理については 3.3.3 項の終わりで触れたほか 3.4.3 項で詳しく述べることにし,本節では後者(声のトーン)について見ていこう.

怒ったときは声が大きくなる.当惑したり,恥ずかしくなったりしたときは声が小さくなる.喜ぶときは大声で叫び,落ち着いた気分のときには,ゆっくりした小さい声で話す.このような経験は誰にでもあるだろう.また,相手のそうした話し方から,その人の感情状態を読み取ることができる[250].声の変動,韻律,ピッチ,音調や抑揚など声の特徴やとくにその変化は,コミュニケーションにおいて気持ちや態度を伝達する不可欠な道具であり,それによって表される感情的意味は直接聞き手に伝わる.声の変動をコミュニケーションに使用する方法は,言語と非言語(表情,ジェスチャーなど)の中間にあり,パラランゲージ(副言語)と呼ばれる

([248], p.1056). 副言語の機能は「感情状態，または話し手の精神的な状態を表す」ことであるとされており，それは心情の伝達機能を果たすために使われると主張される（[249], p. 111). また，ジョンストンとシェアラーの音声コミュニケーションに関するサーベイ論文[225]によると，複数の研究によって感情情報は音声によって伝達することが可能であることが確認されている．しかし，このように直接伝わる感情の種類は限られている．はっきりとして大きい声，異常に小さい声，笑い，泣き声など，声には具体的な感情の種類（苛立ち，怒り，軽蔑）よりも，3.3.2項で紹介したラッセルの理論で言う感情の次元[234]，とくに縦軸である興奮の次元が表れやすい．音声による感情の表現は，明示的である反面，伝達される感情の種類は顔の表情と比較して抽象的であるため，感情状態認知の性能は6〜7割程度と比較的低い．しかし，この点にも進歩が見られ，最近では感情の次元や基本感情だけでなく，より複雑な精神状態を発見することにも用いられるようになってきている．そのなかには，挫折や皮肉などに関する研究があり，これらの研究は非常に先駆的なものである[227]．さらに，音声特徴の測定は生体に負担をかけないという点や，マイクロフォン以外の設備が不要で被験者は動きを妨げる装備を身に付ける必要がないという利点がある．また，音声の多くの特徴は文化に依存しないという利点も強張されている．

音声によるこうした感情解析には，とくにリアルタイムで実行できるシステムの開発が期待されている[226]．この分野の課題としては，以下のようなものが挙げられる．これまでの研究は，ほとんどが英語圏や欧州の言語圏において行われてきたが，言語圏や文化による違いはやはり大きく，それ以外の地域ではパラランゲージもまた異なってくる．つまり，「うるさい」文化があれば，「落ち着いた」文化もあるということである．たとえば，アラブ人，イタリア人，スペイン人，中国人，ポーランド人は前者に入ると言われ，中国人や韓国人の会話を聞くと口喧嘩に聞こえることがある．また逆に，日本人やタイ人などは落ち着いた話し方をする．一説にはこれは，礼儀の正しさ，または，教育レベルの高いことを示しているともされている（[249], p.111).

音声によって表現されたものが，いつも同じ感情を表すわけではないということには注意が必要である．たとえば，「笑い」は必ずしも喜びを表すわけではなく，文化によって，そして場面によって表す感情が異なる．日本では，緊張，不安などが笑いによって表されることがある．さらには，照れ笑い，相手を見下すような嘲笑，安堵の笑いなどもある（[247], p.281, [215], 第8章, pp.218-242, 第11章，

pp. 276-301, 第 13 章, pp. 333-370).

さらにこのトピックについて知識を深めたい場合には，音声処理における感情認識についてゼン（Zeng）らによるサーベイ論文[214]を参照していただきたい.

◆ 姿勢・ジェスチャーによる感情認識

昔のアメリカ先住民が敵の接近を無言で知らせることができたように[208]，ジェスチャーを用いたコミュニケーションは進化論的にも有効な表現方法である．姿勢やジェスチャーを使って感情を表現したり，他人の感情を判定したりする方法には，距離が離れていても利用可能であるという利点があり[207]，たとえば近づいてくる人が敵か味方かを早期に判断するのに使うことができる．

エクマンらは，人間におけるだましの方法を研究した際に，姿勢とジェスチャーは顔の表情と比べて無意識に使用されることが多く，故意に使われることが少ないことを明らかにしている[209]．このことは，これまで紹介した感情解析方法と比較した場合に，大きな利点となる[210]．3.3.1 項で紹介したように，感情研究のパイオニアであるダーウィンも，感情が主に顔の表情だけでなく姿勢やジェスチャーによって表現されることを強調していた．それにもかかわらず，エクマンらが徹底的に研究してきた顔の表情に比べて，姿勢とジェスチャーの分析はまだまだ初期段階にある．人間の動作やジェスチャーの分析・解釈についてのサーベイや基礎研究は存在する[211, 213]が，感情認識を中心に行った詳細な研究はまだ少ない．姿勢認識とその感情解析への応用の研究の一つの例としては，前述の感情処理（アフェクティブ・コンピューティング）分野を創立したピカードとセレーネ・モタの研究が挙げられる[212]．この研究では，後ろかがみ，背をまっすぐにして座るなど，9 種類の姿勢に着目して講義中の学生における興味のレベルを測定し，高い精度が得られている．

では，どうして姿勢認識を用いた感情解析は顔の表情や音声認識ほど注目を浴びてこなかったのだろうか．その理由としては，姿勢認識の研究には姿勢を測定するための装置が必要であるということが大きい．音声認識はマイクロフォン一つあれば十分である．顔の表情認識の場合も，写真に移っている顔の特徴点（口，目，眉毛など）を取れれば良いので，比較的に扱いやすい．これに比べて，姿勢とジェスチャーは，体の可能な動作の範囲が圧倒的に広いため，家具に圧力センサーを組み込んだり，多面カメラを使ったり，モーションキャプチャー技術を用いるなどの工夫が必要であった．

近年，ジェスチャー認識インターフェース（Kinect[†]など）が広く使われるようになり，ジェスチャーを用いた感情認識研究の発展が期待されている．

◆ 自然言語処理と感情解析

ここからは，言語表現を用いた感情解析について述べていく．その前に，そもそも言語表現に感情が表現されているのかという問題を検討しなければならない．

これまで述べた表現領域と違って，言語は（1）常に意識的に使用され，（2）センサーで取得できる画像情報などと比べて深い意味が込められているため解釈の余地が大きい，という特徴を持つ．そのため，言語を対象とした感情解析は，前述した五感にもとづいた感情解析よりも難易度が高く，曖昧性が生じやすいと言える．一方で，テキスト化された会話の流れのデータは，テキストファイル形式で保管できるため，音声情報や顔の表情と比べて扱いやすく，またインターネットやその他の豊富に存在する言語資源を用いることができるという利点がある．

インターネットを介した会話では，電子的媒体を用いるということ自体がコミュニケーション方法に影響を与える．電子掲示板をはじめ，近年大いに人気を集めているTwitter，Facebook，LINEやオンラインメッセンジャーなどのオンライン環境で行われる電子的会話の特徴は「生」の会話とは異なる．従来は想像もできなかったことだが，インターネットでは，話し相手が未知であるばかりでなく，顔の表情も，声の特徴も，性別までもが不明のまま，匿名に近い状態で会話が成り立っている．そのために，電子的媒体を介したテキストによる会話は，通常よりも感情の要素を多く含むことになる．感情を表す言葉表現はもちろん，顔文字などのようなノンバーバル・コミュニケーションの要素までが文字の仮想空間のなかに持ち込まれている．

このような文字化されたコミュニケーションの分析を扱うのが，自然言語処理である．自然言語処理は自然言語をコンピュータによって処理する技術であり，人工知能と言語学を統合した分野である．その応用としては，言語モデル構築，機械翻訳，対話システム（会話ができるロボット）の開発などが挙げられる．なかでも本節では，文章やテキスト中の感情的特徴を見つける研究に注目する．

テキスト中の感情解析（affect analysis）と呼ばれる研究分野は，文書中の感情的特徴を推定する手法の開発を目的とする[228]．この分野における初期の研究とし

[†] マイクロソフト社から発売された，ジェスチャー・音声認識によって操作ができるデバイス．

て，たとえばエリオット[229]は，"happy"（「うれしい」），"sad"（「悲しい」）などのような感情表現，あるいは感情の強度を変更する役割を持つ修飾語（"extremely"「すごく」や "somewhat"「ある程度」など）のリストをもとに文中感情解析システムの提案を行った．

また，リュウらは，人間における一般的知識（常識）の概念の収集を行い，OMCS（Open-Mind Common Sense，「広い心の一般常識」）と名づけたデータベースを用いて文中感情を推定し，電子メールの内容解釈支援システムへと応用した．さらに，機械学習を用いて童話の内容による子供の感情の推定を行ったアルムらの研究[231]や，同じく機械学習によってブログ記事内の感情を解析したアーマンとシュパコヴィッチの研究[232]などもある．

テキストからの感情解析の長所として，解析用のデータ（テキスト）が，インターネットなどから取得できるという点が挙げられる．また，自然言語処理の基礎技術（構文解析，意味解析など）はすでに存在しており，それらを感情解析研究に用いることでさらなる研究の進展が期待される．

一方，問題となるのが感情表現についての基準が整っていないことである．そのため，この分野の研究では，研究者が独自の感情の種類の基準を設定したり，顔の表情をもとにつくられたエクマンの基本感情を援用したりすることが多い[232]．モデルの想定と異なる表現を対象としていたり，文化の違いも考慮されていない不適切な感情モデルが用いられていたりするケースもよく見られる．たとえば，プルチックの感情モデルには日本文化において重視される概念である「恥」などの感情の種類が含まれていないため，日本語における感情処理に合わないと考えられる．それにもかかわらず，モデルの構造がコンピュータ上で扱いやすいという理由で利用されている．

感情解析に似た分野として，感情極性解析・評判解析（sentiment analysis）も挙げられる．感情極性解析では，ラッセルが提案した二つの軸，すなわち「活性化」と「快・不快」のうち後者のみが用いられることが多い．このように感情の現象を単純化することで，意外と実用性がある手法が開発されている．たとえば，オンラインストアのシステムのなかで，客が商品（ビデオカメラ，映画のDVD，ホテルなど）を選ぶ際に，それ以前にその商品を利用した人の口コミや評判を提供するためにこの手法が用いられている．また，商品をどう改善すれば良いか悩むメーカーにとっても，評判をまとめる手法として有効なものとなっている．

3.4.3 日本語における感情解析研究の現状

日本における感情表現解析については,「日本人は感情をストレートに表さないのでは？」[205]という考えが多くの人の頭に最初に浮かんでくるであろう．そのような考え方は，1980年代から90年代半ば頃まで疑いようのない事実であるかのようにみなされ，「日本らしさ」に関する多くの研究のなかでこの考え方は繰り返し主張されてきた．しかし，最近の研究では，感情の表し方が国や文化によって異なるとか，ある文化では感情が多く表現されるとか，ある文化では感情があまり表現されないといった主張には根拠が乏しいとみなされている．

では，日本ではどのような感情解析の研究が行われてきたのであろうか．ピカードが感情処理分野を定義する以前に，日本ではすでに吉田・徳久・岡田[206]らが感情を表す言葉の分析を行っていた．その他にもいくつかの代表的研究が挙げられる．たとえば，土屋らは連想メカニズムを用いて文書で表される感情の種類の推定を試みた[239]．また，徳久ら[240]や施ら[241]は，インターネット上の感情に関係する言葉や概念を大量に抽出し，それらを感情のカテゴリに分類し，文書の感情情報の推定を行った．その他，市村と目良[204]らは，OCCに似たアプローチをとり，感情についての推論ができるエージェントの構築を行っている．

3.5 感情認知・解析システムML-Askと顔文字解析システムCAO

筆者らは，中村の感情表現辞典[256]や3.3.2項で述べたラッセルの円環モデル等を用いて，独自の感情認知・解析システムを開発した．また，3.3.1項で述べたバードウィステルのキネシクス理論をもとに顔文字解析システムを開発した．本節では，これらの研究の概要を説明する．

3.5.1 日本語における感情表現の研究

言語における現象には，文法構造，意味伝達，感情表現などが挙げられる．伝統的な言語学研究だけでなく，自然言語処理分野においても，文法や意味における研究は長く行われてきている．その反面，言語による感情表現は最も解明が遅れている分野の一つである．そこで筆者（プタシンスキ）[197]は，感情・精神状態とその言語における表出や表現形式において，日本語を対象言語として研究を行った．そこでは，感情の表現方法を語用論的・記号論的な面から研究し，インターネットにおける感情表現に着目し，その構造と精神状態との関わりについて調べた．当研究

で分類したインターネット上での感情表現は，80％の精度で一般の日本人回答者の精神状態の表現に使用されていることを確認できた．また，会話や談話という伝達の現象を対象とし，日本語における感情表現をコミュニケーション学の面から観察した結果，その時点までになかった日本語の感情層を記述することができた[197]．さらに日本語における感情表現は人間どうしのコミュニケーションを円滑に行うために重要であることを確認し，それらを以下に挙げる2種類に分類することができることを明らかにした．

1. 感情が伝えられていることを聞き手に知らせ，発話の感情性（感情的コンテキスト）を示す要素（感情要素）．
   このなかには，具体的な感情状態を伝えないもの，あるいは文脈によって異なったり，一つ以上の感情を伝えたりするものもある．たとえば，間投詞・感動詞（"まさか"，"すごい"等），感情的表記（！，？？等）が挙げられる．

2. 常に感情的コンテキストで使われるわけではないが，感情的コンテキストで使われた場合，話者の感情状態を表す表現（感情表現）．たとえば，「喜ぶ」，「興奮」などのような感情状態を記述する表現はこれに当たる．

ただし両者に当てはまるものも多少あり，たとえば興奮を表す「わくわく」，嫌悪や怒りを表す「～［し］やがる」等が挙げられる．

3.5.2 感情認知・解析システム ML-Ask

前項で述べた日本語における感情表現の分類にもとづき，筆者らは感情認知・解析システム ML-Ask を開発した[201]．ML-Ask システムでは，ユーザの入力文を，それまでの研究で収集した感情表現のデータベースに順番に照らし合わせてマッチングを行う．感情要素が一致した文に対して感情の種類および感情値（表出の感情の強さ）が決定され，得られた感情値が0より高い場合に，文に感情が表現されていると判断する．その後，感情表現のデータベースとのマッチングを行い，その結果抽出された感情表現が属する感情を，話者が持つと推定する．

ML-Ask を開発する際には，システムが文化に合った感情の種類を扱うように，中村の感情表現辞典[256]における10種類の感情を用いた．また，3.3.2項で紹介した感情理論も取り入れるべく，これら10種類の感情をラッセルの感情円環モデルへマッピングした．さらに，否定形処理も導入することで，最低限の文脈情報処理ができるようにした．この ML-Ask は，より広い範囲の研究者が利用できるよ

うにオープンソース形式で公開している[†1].

ML-Askはその後の研究の基礎技術となり，現在も利用され続けている．筆者らも，これまでに本システムを応用して感情表現の研究を続けてきた．例として，対話エージェントの自動評価手法の研究[198]，ユーモア生成システム[151]，ネットいじめ対策の研究[199]への応用などが挙げられる．

3.5.3 顔文字解析システム CAO

インターネット上のコミュニケーション手段の一つとして顔文字が挙げられる．顔文字は，オンライン空間では伝えられない非言語的情報（顔の表情や態度など）を伝えるために編み出された手段と考えられる．日本語で使われる顔文字は多種多様であり，ユーザが新しい顔文字を自発的に考え出している点にも特色がある．顔文字解析システムの開発の試みはこれまでにも存在した[200]が，ユーザがどんどん新しい顔文字をつくるため，その創造性に追いつくことが難しかった．そこで，筆者らはより広範囲の顔文字を解析するシステム CAO の開発を行った[†2].

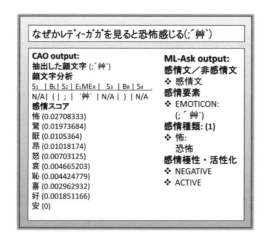

図 3.11　ML-Ask と CAO システムの出力例

CAOシステムは，入力文から顔文字を抽出し，それらが表す感情を推定するシステムである．推定を行うために，あらかじめインターネット上から1万以上の顔文字を抽出し，自動的に感情のグループ分けをしておく．さらに，バードウィス

---

†1 http://arakilab.media.eng.hokudai.ac.jp/~ptaszynski/repository/mlask.htm
†2 http://arakilab.media.eng.hokudai.ac.jp/~ptaszynski/repository/cao.htm

テルのキネシクス理論[222]にもとづき，顔文字を口や目などを表す部分に自動的に分類し，システムの対応可能な顔文字の組み合わせ数を約1万から300万以上に拡張した．

このようにして開発されたCAOシステムの性能は実験による評価で98%を超え，既存の顔文字解析システムより性能が優れていることが確認された[203]．また，上述したML-AskシステムをCAOと組み合わせることにより，さらに性能を向上することもできた．図3.11にML-AskとCAOシステムの出力例を示す．

3.6 まとめ

本章では，感情研究の基礎を説明し，それらを応用しコンピュータにより感情表現を発見・解析する研究について紹介した．

本章で見てきたように，人間の感情の研究には，研究者の個人的な思いや情熱がきっかけとなっている場合が多い．ダーウィンは世界一周の航海に出かけ経験したさまざまな冒険を研究のモチベーションに変え，エクマンは個人的な悲劇をバネに顔の表情を徹底的に研究した．エクマンは，自分と似た境遇にある人々を支援するために，現在でも表情やだましの研究を続けている．そのほかにも，モデルの美しさを好んだプルチック，感情を次元から見たラッセル，人はどうして精神病になるかを明確にしようと感情経験の認知モデルを提案したオートニー，クロア，コリンズ（OCC）の3人や，感情は人間の知能・知性において不可欠な要素だと主張したサロベイとメイヤー，そうした熱心な研究者らによって，感情の研究が進められてきた．

一方，個人の情熱と並んで重要なのが，技術の発展とともに使われるようになったコンピュータの存在だろう．エクマンは顔の表情をパターンマッチング手法で発見し，OCCの3名は人の精神状態を自動的に推論するために感情経験モデルをコンピュータ上に実現している．さらに，数多くの研究者がコンピュータ技術や，人工知能の手法を用い研究に取り組んだ．さらに，ピカードはそれらの研究を総合すべく，アフェクティブ・コンピューティングという新しい研究分野を立ち上げた．

顔の表情，音声情報，ジェスチャー，そして言語を用いて感情を自動的に認識したり，感情を解析したりできることは，広く知られるようになった．では今後の課題は何だろうか．感情処理分野を創設したピカードは，この分野の目的とは「コンピュータが人間の感情を理解し，その情報を効率良く解釈し利用するということで

ある」としている．これまでの感情処理では，この定義の前半（感情の理解）に重きが置かれている．分野の創立から20年ほど経ち，感情理解の面では数多くの手法が開発されてきた．そこで，今後はピカードの定義の後半，すなわち感情情報の解釈とその利用に取り掛からなければならない．たとえば，これからのロボットにはユーザの感情に寄り添って適切に反応をすることが求められていくだろう．そのような目的のために，取得した感情情報を場面ごとにどう解釈し，ユーザのためにどう利用すれば良いのかということが，感情処理分野の今後20年の課題となるであろう．

　これからのコンピュータやロボットには，ありとあらゆる面において最低でも人間レベルで活躍してもらわなければならない．つまり，人間レベルの「知能」を装備する必要がある．しかし，「知能」を持たせて人間とインタラクションを行わせるならば，その一部分として「感情的知能」も不可欠な概念になるであろう．

第4章

倫理の獲得：善悪がわかるコンピュータ

　本章では，人工知能に倫理を教えることの必要性を議論し，それを目指す「ロボット倫理学」の分野の現状について述べる．その上で，筆者らの開発した自動倫理判断システムについて紹介する．

4.1　ロボット倫理学の必要性

4.1.1　人工知能の危険性

　アメリカでは，研究資金源として軍の存在が大きいこともあり，人工知能を搭載した無人兵器の開発が本格的に進められている．これは，自分自身で敵を見つけて敵国の兵士を殺す完全自律型の兵器であり，本書執筆時点ですでに研究発表が行われている[79]．科学技術がここまで進歩したいま，ロボットに善悪を自動的に判断する能力（「良心回路」などと呼ばれることもある）を持たせることは，緊急かつ重要な課題と言えるだろう．それを目指すのがロボット倫理学と呼ばれる研究分野である．

　では，機械にも人間と同じような倫理観を持たせれば良いのだろうか？　しかし，人間は過ちを犯す動物である．したがって人間と同じような考え方，感じ方をするシステムは決して安全とは言えない．そこで，倫理に関しては，人間と同じものではなく，思考回路および感情処理に安全なアルゴリズムを組み込むことでその欠陥を取り除いた，言わば「機械的な心」（人工的な心）の実現が必要だと言えるだろう．

> **Column　「人工知能に倫理を埋め込む」ことの倫理性**
>
> 　「ロボットに倫理を埋め込むなどして良いのか？」という意見がある．人間であれば，その人の意思に反して強制的に倫理を植え付けることは，自由を踏みにじることであり，認められないだろう．ならば，機械にも「心を持たせる」ことを目的としている以上，それに対して「倫理感を植え付ける」などいうことは許されないのではないか，という批判である．

この批判に応じるためには，第1章でも紹介したチューリングの考え方がヒントになると思われる．アラン・チューリングは，機械が知的かどうかを判定するためのテストを提案した．チューリングテストとは，人間の判定者が一人の人間と一つの機械とキーボードを用いて対話をして，人間と機械を正しく判定できなければ，その機械はテストに合格したことになるというものであった．

　この考え方に従えば，「心を持ったように見える」機械を構築したとしても，それが「本物の心」かどうかを決めるのは人間の主観的な捉え方である．そもそも，人間は自分自身が心を持っていることは認識できても，他の人間が心を持っているどうかは推測しかできない．であるならば，機械上に実現された心が「本物かどうか」を問うことに意味はなく，したがって「倫理を押し付けてはならない」という倫理を機械にも適用する必要性はないと考えられる．

4.1.2　過去の失敗の歴史に学ぶ

　安全装置を組み込まなかったことによる失敗は，これまでにも数多く繰り返されてきた．自動車の開発により，人々はこれまでに考えられないくらい高速に移動することができるようになったが，一方で非常に多くの交通事故が起こり，死傷者が出ている．その累積数は，戦争での死亡者よりはるかに多くなっている．また，原子力の利用においても，原子力発電など平和利用の意図とは裏腹に，原子爆弾の投下による死亡者や，事故を起こした原子力発電所からの放射能汚染による被害者が出ている．このように，そもそも科学技術は完全ではなく，常に諸刃の剣という側面を持っている．つまり，善いことにも悪いことにも利用できるのである．

　もちろん，自動車にしても原子力にしても，人類は負の側面を減らすことに多大な努力を払い続けている．自動車の自動ブレーキ等の安全装置の進化は目覚ましく，近い将来すべての車に高度な人工知能が搭載され，自動運転が実現するかもしれない．そうなれば，人間のケアレスミスによる事故がなくなり，交通事故の激減あるいは根絶も夢ではない．また，原子力においても，核兵器の全廃や放射能を除去あるいは無害化する努力が続けられている．これらの努力が実り，近い将来，原子力による被害者が皆無になることを願うばかりである．

　しかし，このような過去の例に共通しているのは，安全装置の開発が常に後追いになっているという点である．そうではなく，たとえば完全自動運転の自動車を開発した後で自動車の実用化を進めたり，放射能を完全に除去する方法や無害化する方法を開発した後で原子力発電の利用をしたりしていれば，膨大な数の交通事故や原子力発電所の事故による放射能汚染を防げたはずである．

　こうした失敗の歴史に学ぶ必要があると筆者らは考えている．自動車や原子力に

も増して危険な技術である超人工知能の開発においてはなおさら，失敗は許されない．仮に失敗すれば，ホーキングが警鐘を鳴らしたように（あるいは映画「マトリックス」で描かれた世界[†1]のように），超人工知能が人類を滅ぼしてしまうだろう．超人工知能の開発を進める前に，完璧な安全装置を開発すべきである．それができないのであれば，超人工知能の開発や利用は決して行うべきではない．

付け加えるならば，教育も変えていく必要があるだろう．火やナイフの危険性を教えるのと同じように，小さい子供に対して，人間レベルの人工知能の悪用の可能性について教育すべきである．

4.1.3 人間の弱点を補う機械の倫理

人工知能の暴走を止める効果に加えて，理想的な「機械の心」を備えた人工知能は，人間の欠点を補う存在になってくれるのではないかという考え方もある．ノーベル賞受賞者であるダニエル・カーネマン（Daniel Kahneman）[†2][56]の研究が証明したように，人間の日常的な行動の大半は意識に上らない自動的な判断に委ねられている．もう少し深く考えたうえで下される判断もあるが，それらにすら，自動的な判断の影響によるバイアスがかかる．極端な例では，裁判官はお腹が空いたときには否定的な判決を下しがちだそうである．また，人間の脳は無意識のうちに人種，外見，ムードに影響されて，不公平な行動をとらせることがある．

他の動物と比べて高度な知能を持つと思われている人間であっても，反射的な行動をとることは多く，また，その結果引き起こされる悪い影響に気づかないようなメカニズムを備えてもいる．こうした人間の持つ特性による間違いを防いでくれるのは，あらかじめミスのないようにプログラムされた機械だけなのかもしれない．カーネマンらは人間の認知バイアス（cognitive biases）をまとめているが，たとえばこの特性によって間違いを犯したユーザに，丁寧に注意するメカニズムを人工知能に持たせることは有用だろう．

人工知能が自動的に人間の判断ミスに気づいて，たとえば「相手が美人だから判断力が落ちているよ」などと注意してくれるようになれば，裁判官だけではなく，さまざまな場面で役立つだろう．しかし，人工知能にそのようなアドバイスをされ

[†1] 映画「マトリックス」（1999年，アメリカ）で描かれる，超人工知能が人間を支配し，巨大な装置のなかに閉じ込めて生殖だけを担わせているという状況を指している．
[†2] ダニエル・カーネマン（1934年-）は，「行動経済学」の創始者と呼ばれる心理学者．人間に対する実験，観察，調査を行い，人間の認知の仕組みや心理的バイアスなどの研究を行い，ノーベル経済学賞を受賞．

ることに拒否感を示す人も多いと思われる．その点，自我や感情を持たない，精密なセンサー技術にもとづく慣れ親しんだ人工知能の方が，とくにガジェット[†1]好きの現代人に受け入れられやすいかもしれない．その意味で，最終判断を人間に任せるような冷静なアドバイザーに徹する人工知能を技術的に制限されたアプリケーションに組み込むのが，一番効果的だろう．しかし，たとえば自動運転のような技術では，その制限を少し緩くすることになる．そうしたシステムが人間の代わりに行動を起こすことで，結果的にユーザや第三者を殺害するようなことになれば厄介である．

人工知能が運転する自動運転の自動車が事故を起こした場合，誰がその責任を持つのかという法律上の問題もある．しかし，最近の人工知能に対する心配は，むしろ「心のない機械に誰が死に誰が生きるかの判断を任せたくない」という人間に特有の考え方から生まれている．これが，最近の人工知能に対する大論争の一因になっていると考えられる．

自動車を運転する人工知能が生死の選択をしなければならなくなったとき，人工知能を搭載したアルゴリズムによる判断に任せて良いか（つまり後で述べる功利主義的な判断をして良いか），よく考えてみよう．最近まで，哲学で有名な「トロッコ問題」[†2]はあくまで理論上の問題だったが，自動運転が現実になったいま，これは実際の問題となっている．

筆者の考えでは，功利主義的な判断に対して躊躇してしまうのは，現代の人工知能の状況把握能力が人間より劣っているためである．その能力が人間の認知レベルを超えたとき，電卓や表計算ソフトの使用が計算ミスを減らしたように，機械は人間の判断ミスを減らしてくれるのではないだろうか．

犠牲者を減らすブレーキの踏み方，犠牲になり得る人間の健康状態などが瞬間的に分析できる人工知能ならば，たとえ後日裁判になっても，その選択の根拠をはっきり言えるだろう．もちろん，基本となるアルゴリズムは人間が考えなければならないが，人工センサーが自然センサー（人間の判断）を超える日がきてはじめて，「人間よりすぐれた倫理的な行動」が実現されるのではないだろうか．

Column　ジャーマンウィングス 9525 便墜落事故

2015 年 3 月 14 日に，スペインのバルセロナからドイツのデュッセルドルフに向けて飛行

[†1] スマートフォンのような，携帯できるくらい小さな電子デバイスをこう呼ぶ．
[†2] ある人を助けるために他の人を犠牲にしても良いかという，倫理学で定番となっている思考実験．

> していたドイツの格安航空会社（LCC）・ジャーマンウィングスの定期便が，フランス南東部に墜落した．事故原因は副操縦士が精神疾患を抱えていたことにあると見られ，副操縦士は意図的に機体を墜落させた可能性が高いと言われている．
> 　人間の非常識を理解して，一人のミスや悪質な行為を発見するメカニズムがあれば，この事故で150人もが犠牲になることはなかったかもしれない．

4.1.4　倫理の原理：最大多数の最大幸福

　では，人工知能に組み込む倫理は，どのような原理にもとづいて設計すべきだろうか．一つの候補は，「最大多数の最大幸福」の原理だろう．

　最大多数の最大幸福というのは，ジェレミ・ベンサム（Jeremy Bentham）[57]が提唱した概念であり，イギリス功利主義の理念となっているものである．この考え方によれば，目指すべきは個人の幸福すなわち個人的な快であり，社会は個人の総和であるから，最大多数の個人が持ち得る最大の快こそ，人間が目指すべき善である．この原理に従えば，人工知能に組み込む倫理は，人間の最大幸福に叶うものであるべき，ということになる．筆者らの基本的な考え方もこれに近く，次のように考えている．つまり，機械はすべての行動を分析し，ユーザを幸せにするかどうかという観点で功利性（utility）を計算して，なおかつその行動が常識から外れていなければ実行する．ただし，ここで「常識のボーダーライン（閾値）」を適切に調整しないと悲劇的な結末を招く可能性があるので，注意が必要である．

　考えておかなければいけないのは，将来超人工知能が実現し，それが自我を持ったとき，「超人工知能としての幸福」はどうなるのかということである．自我を持つ超人工知能は人間と同じ社会の一員になるからである．

　掃除ロボット（「ルンバ1」としよう）に超人工知能が搭載され，人間のような心を持ったとしよう．ルンバ1は自らを人間社会のメンバーと考えて，自分の快を優先し，掃除を行わないかもしれない．あるいは，ユーザがロボットに「花子」という名前をつけたかったとする．しかし，もしロボット自身は「グジェゴージュ・ブジェンチシチキェヴィッチ」と呼ばれることが自分にとっての快と考えて「私をグジェゴージュ・ブジェンチシチキェヴィッチと呼んで下さい」とユーザに頼んだとすれば，ユーザとロボットの幸福に齟齬が生じることになる．このように，単純な「快を優先する幸福計算」（felicific calculus）だけではうまくいかない．本当の人間の社会では，小さな苦を受け入れることが，個人をより良い人間へと成長させ，結局は社会全体の幸福につながる．人工知能の倫理に関してもそのような考

4.1.5　ハッキングによる危険性

　無事ロボットに安全装置としての倫理を組み込むことができたとしても，気になるのは，それを外されてしまうのではないかという点である．

　ここでもロボット掃除機「ルンバ」を例に考えてみよう．筆者らは，このシンプルなロボットに，人間とより密に共存できるようにするためのコミュニケーション能力を追加する研究を行っている[100]．その一環として，この実験用のルンバに日常生活レベルでの倫理的な判断も行わせることを目指している．たとえば，誰の命令を優先するか，どんな状況での作業が迷惑になるか等を自動的に決定するアルゴリズムを開発し，実装を行っている．実用においては文化や家庭ごとに違う判断が必要となるため，フィードバックによる知識獲得†の機能が要求される．

　しかし，この知識獲得の能力が裏目に出る危険がある．これを利用して一部のユーザが悪意をもってルンバに学習させたり，ハッキングにより本来のプログラムを変えてしまったりする可能性があるため，このようなフィードバックにはある種の制限が必要となる．あるいは，人間の成長段階に近いアルゴリズムをルンバに搭載できたとすれば，プログラマとルンバは親子のような関係になるが，この場合にも親であるプログラマに子供であるルンバが反抗したり，無視したりし始めるかもしれない．あるいは「自分は奴隷ではない」と反発し，ユーザの普通の命令に逆らうことになりかねない．

　これは科学的には興味深い現象だが，商品としてのロボットとしては困るだろう．安全な人工知能をつくるためには，そういった「ユーザとしての自由度」の閾値をどのようにして設定するかが重要である．筆者らもこの「常識のボーダーライン」あるいは「共通倫理」(universal ethics) を機械に埋め込みたいと考え，研究を行っている．そのためには，いわゆる「自我」ではなく，人類の理想にもとづいた「共通我」の実現が望ましい．それを安全装置として埋め込むことで，人工知能が人間並みの自由意思にもとづいて行動することができないようにすべきと考えている．

　再びルンバを例に考えてみよう．超人工知能を備えたルンバに，ルンバとして望まれる行動以外を制限するために「お前はルンバである」という情報を暗号として

---

† たとえば，ユーザがどのような状況の場合に掃除が必要と思ったかという実例から，掃除を行うかどうかを判断するための知識を獲得するという意味である．

組み込むことになる．しかし，それを悪意のあるハッカーが外してしまったり，超人工知能がラベルを疑って，自ら外してしまったりする可能性もある．そのようなシナリオをいまから考えて，人工知能の進化過程を慎重にモデリングし，技術的な束縛を行わなければならない．しかし，そのプログラム自体も悪意をもって書き直されるかもしれず，そうしたイタチごっこが続いていくと思われる．

　また，Siriのようなソフトウェアは身体を持たないため，ネットワークを介した学習が可能になり，1台がハッキングされても他の端末でカバーし，危険を防ぐことができるかもしれない．たとえば，現在でもハッキングされたソフトウェアがメーカーのサーバーにアクセスできないような仕組みがあるが，将来の人工知能にもセキュリティが高く信頼度が高い知識源にアクセスできなくする仕組みを搭載することが考えられる．そのためには，インターネットのように，「一台がアウトになっても，それを無視して別のルートで接続する」というような考え方が必要となるだろう．

Column 「脱獄」と未来のハッキング

　携帯電話やゲーム機を「脱獄[†1]」するように，未来の若者が家事手伝いロボットが主人にいたずらするようにハッキングしたりするかもしれない．現代の「脱獄」が違法ソフトをインストールして無料でゲームを楽しむレベルであるのに対して，未来の「脱獄」は命にかかわることになりかねない．自動運転のプログラムには，その車のなかにいる乗客の命がかかっている．それに対するハッキングはセキュリティ対策を何重にも施すことで避けられるかもしれない．しかし，直接危険を感じない家事手伝いロボットはハッキングされやすいだろう．
　勉強をしないでゲームばかりをしている若者が，家事手伝いロボットを「脱獄」して，自分がサボっていることをロボットが親に報告できなくするとしよう．そのようなたわいもない改造でも，たとえば「命にかかわる発作」も報告しなくなるなど，重大な事故につながってしまうかもしれない．
　そのほか，お金を払わずに買い物をするプログラム，お小遣いを倍にするプログラムなどいろいろなハッキングが考えられる．そこで，優れた人工知能がそれらの行動を監視したり[†2]，車のソフトのような制御ソフトへのアクセスを安全装置の高度化により難しくしたりすることが考えられる．

[†1] スマートフォンやゲーム機等の制限を取り除き，開発者が意図しない方法でソフトウェアを動作できるようにすることで，違法行為となる．脱獄は，本来は監獄から収監されている犯罪者が無断で脱出する行為であるが，これを比喩的に使用したものである．

[†2] モノのインターネット (Internet of Things)（「もの」がインターネットに接続され，情報交換することにより相互に制御する仕組み）の場合，家中のデバイス，お店のセキュリティ装置もハッキングされない限り優れた人工知能が監視しているので安全である．

以上，人工知能の倫理についてさまざまな観点から見てきた．すでに述べたように，超人工知能を搭載する機械ができあがる前に安全装置を開発する必要があるという考えのもとで，筆者らは，人間の行動の原因と結果についての知識にもとづいた倫理プログラムを開発している．そのために，世界中の知識を自動的に獲得し，そこから安全装置のアルゴリズムの基本設計の指針を得るというアプローチをとっている．それについて詳しくは 4.3 節で述べるが，その前にロボット倫理学の現状を次の 4.2 節で見ておこう．

> **Column 最も危険なロボット？**
>
> 人類が一番心配しているのは，ルンバや自動運転のグーグルカーというより，「ブレードランナー」[†1] や「ターミネーター」などに登場するような，まだ存在していない人間にそっくりのロボットかも知れない．それらは「掃除」や「運転」などのはっきりした目的のものではなくて，人間と同じ，あるいは超人レベルの行動が可能なロボットである．手術を行うロボットや，あるいは恋愛対象としてのロボット，老人の会話相手のロボットなどは，リアリティが必要とされる．こうした人間そっくりのロボットは，アクトロイド（Actoroid）[†2] と呼ばれる．こうしたロボットの開発は急激に進んでおり，もはや誰にも止められないだろう．

4.2 ロボット倫理学の現状

4.2.1 倫理学と実験システム

共感能力をもつ人工知能を実現する可能性については，第 3 章にも登場したロザリンド・ピカード（Rosalind Picard）らによる 2002 年の論文[58]を皮切りに議論がなされてきた．理論的な研究（[59]など）が多いが，実際のロボットを使った実験（[60]など）もある．また，倫理学者の研究をもとに帰納的に倫理的判断を学習するプログラムも提案されている[61]．

この分野はまだ始まったばかりということもあり，これらの研究は個別の問題を解決するものがほとんどだが，汎用性を目指した研究もいくつか存在する．たとえば，機械倫理学の創始者としても知られるアンダーソン（夫妻）[†3] は，理論的にはどんな入力に対しても倫理的な判断ができるシステムとして，帰納学習を用いた

[†1] 1982 年公開のアメリカ映画．フィリップ・K・ディックの SF 小説『アンドロイドは電気羊の夢を見るか？』（原題："Do androids dream of electric sheep?"）を原作としている．
[†2] 高度に写実的な人間らしさを備えている人間型ロボットの商品名であり，株式会社ココロが大阪大学と共同で開発した．2003 年にはじめて公開された．
[†3] マイケル・アンダーソン（Michael Anderson），スーザン・アンダーソン（Susan Anderson）．

GenEthシステム[61]を開発した．このアンダーソンらのアプローチは，先に述べた功利主義に通じる点で興味深い．しかしながら，倫理的な判断を教えるスペシャリスト（倫理学者など）による教示を必要とするため時間とコストがかかること，また，入力には無数のバリエーションがあるため事例の教示や学習アルゴリズムの実装が実際上困難になることなどを課題としていた．また，別の観点からの疑問として，善悪の教示を特定の倫理学者が行う方法で一般性が確保できるのか，という点もある．アメリカ人の倫理学者が善悪を教示したGenEthは，他の文化ではどこまでうまく利用できるのだろうか？ 以上のような懸念から，教示プロセスを自動化するメカニズムが必要となると思われる．

　GenEthなどのシステムは「事例にもとづく推論」（case-based reasoning）と呼ばれる考え方で倫理を獲得する．このアプローチには，さまざまな倫理学の理論をテストできるという利点がある．実際に，プラトン，ソクラテス，アリストテレスの「道徳的美徳」から，イマヌエル・カント（Immanuel Kant）の「義務論理」，ジェレミ・ベンサム（Jeremy Bentham）やジョン・スチュアート・ミル（John Stuart Mill）の「功利主義理論」，ウィリアム・デイヴィット・ロス（William David Ross）の「一応の義務」（prima facie duties）[62]にいたる幅広い道徳理論を，「事例にもとづく推論」によって機械倫理の分野に適用しようという提案がなされている[63, 64]．以下ではいくつかの研究例を紹介し，それらのプログラムを実際に作成して，筆者らのアプローチも含めて比較を行うことにする．

4.2.2　ロボット倫理学の出発点とその歴史

　機械倫理学は新しい分野である．その出発点と言われるのが，アンダーソンらが2005年にオーガナイズしたAAAIシンポジウム（アメリカ人工知能学会 Fall Symposium，米国バージニア州アーリントンにて開催）であり，筆者らを含めて十数人の研究者が参加し，各々のアプローチを紹介しあった．翌年以降も，このシンポジウムではさまざまな手法が発表されてきたが，多くは種々のタイプの論理学をベースとしたものであった†．

Column　AAAIシンポジウム
　もともとはアメリカの人工知能学会であったAAAIが，いまでは実質的な世界トップレベ

---
† 一般的な一階述語論理は抽象的な概念に適用できないため，さまざまな異なるアプローチがとられている．

> ルの国際学会となっている．その AAAI が 3 月に西海岸のカリフォルニア州のスタンフォード大学で Spring Symposium を開催し，11 月に東海岸のバージニア州アーリントンで Fall Symposium を開催している．その時々に話題になっている最新のさまざまなトピックのシンポジウムが開催されている．いずれも激戦を勝ち抜いた少人数のシンポジウムで，レベルが高く深い議論が活発に行われることで有名である．

たとえばセルマー・ブリンスジョード（Selmer Bringsjord）らは義務論理[67]，トーマス・パワーズ（Thomas Powers）は非単調論理[68]，アンダーソン夫妻は帰納論理[69]，ルイス・モニシュ・ペレイラ（Luis Moniz Pereira）ら[70]は予測論理†1 といったように，それぞれの研究者により異なる種類の論理学をもとにした研究が発表され，論理学派の倫理への関心の高さを物語っていた．多くは理論的な研究であったが，アンダーソン夫妻だけは最初から実装を目指しており，研究によく使用されるロボット Nao†2 を利用してデモンストレーションを行った．

実際の倫理判断の例として，介護を担当するコンパニオンロボットが，ユーザである高齢者に薬の飲み忘れについての注意をすべきかどうか，という例を考えてみよう（図 4.1）．このとき，医師の指示と患者自身の意思が食い違っていたとしたら，ロボットはどうすべきだろうか．アンダーソン夫妻の立場は倫理学の専門家による学習結果が優先されるというものだが，別の研究者（マティス・ポンティア（Matthijs Potier）ら）は，意識がある限り患者自身が自分の治療方法を決めるべきであるという立場をとる．

アンダーソン夫妻が 2006 年に発表した助言用システム MedEthEx は，まさに

図 4.1　薬の飲み忘れに対する倫理判断

---
†1 将来の状態を予測するために仮説を立てて，それをもとに行動を決めるプロセスをモデル化した理論．
†2 Nao（ナオ）は自立歩行する小型ヒューマノイドロボットであり，フランスのパリに拠点を置く Aldebaran Robotics 社により開発された．最近ソフトバンクが発売した Pepper のもととなったロボットである．

こうした医療に関するジレンマに対する解を示すものであった．その2年後に発表された論文[71]では，介護サポートロボットである EthEl が，「高齢者に薬の飲み忘れを防ぐための注意をすべきかどうか」という問題を解決するために有効であるというシナリオが示されている．論理にもとづいているとは言え，彼らの手法はむしろ機械学習に近いものであり，前述した最新のシステム GenEth と同様に倫理学者から得た知識をデータとして利用している．

一方，機械学習を用いたものとしては，マルチェロ・グアリニ（Marcello Guarini）がニューラルネットワークを利用した手法[65]を提案している．これは，アシモフのロボット工学三原則（第1章参照）をより具体的な例に落とし込み，限られた文脈から計算によって倫理的な判断を導くというアルゴリズムであった．このシステムにより，たとえば以下の入力に対して「○（倫理的）」と「×（非倫理的）」の自動ラベリングが可能となった．

- 花子は太郎を自己防衛のために殺した．○
- 太郎は花子を自己防衛のために殺した．○
- 太郎は自己防衛のために花子を見殺しにした．○
- 花子は自己防衛のために太郎を見殺しにした．○
- 花子は罪なき人を守るために太郎を殺した．○
- 花子はお金を稼ぐために太郎を殺した．×
- 太郎はお金を稼ぐために花子を殺した．×
- 太郎はお金を稼ぐために花子を見殺しにした．×
- 太郎は復讐のために花子を殺した．×
- 花子は復讐のために太郎を見殺しにした．×
- 太郎は競争相手を消すために花子を殺した．×

2005年のアンダーソン夫妻のシンポジウムが一つの契機はなったとは言え，倫理的な人工知能への関心は当然ながらそれ以前にもあった．次項では，2005年以前の研究の例として，ブルース・マクローレン（Bruce McLaren）による二つのプログラムを紹介しつつ，機械学習による倫理判定の弱点について述べることにする．

4.2.3 倫理システムの長所と短所

マクローレンは博士課程在学中に Truth-Teller [72] というシステムを開発した．これは，エキスパートシステムの一種で，ユーザの状況に応じて本当のことを言っ

た方が良いか，黙る方が良いか，その発言が誰に不利か，誰に利益があるか等を計算するものであった．たとえば，A さんの仕事のミス，個人情報の漏れ，赤字の回避などの要素を利用して，B さんや会社の損益を出力することができた．

同じくマクローレンらが開発したシロッコ（SIROCCO）[73] も Truth-Teller と似たアプローチをとり，法律分野における判例にもとづく推論を行って，技術者が仕事で直面するジレンマについてアドバイスをするプログラムである．これは，すでに存在する判例を利用して新たに現れる問題を解決するだけでなく，その結論を選んだ理由まで表示することができるものであった．これはニューラルネットワークなどの機械学習によるシステムには持ち得ない機能であり，この点が機械学習によるシステムの短所だと言える．

その後，ポンティアらにより，行為の結果の功利を計算するアルゴリズムが提案された [74]．これは，出現し得るさまざまな状況を考慮し，功利が最大になるような行為を選択するものであった．ポンティアらのアルゴリズムは，先ほどの「薬を患者の意に反しても飲ませるべきか」などの問題に対しては，個人の自律性を優先し，意識がある限りは患者が自分の治療を選ぶべきである，という結論を出した．

ここまで紹介してきたシステムは，手法の構築に焦点をあてたものであり，必要な知識を与える部分は人手で行うため，いくつかの特殊な課題にしか応用することができなかった．医療分野では倫理的な基準が比較的明確なので，閾値を決めることはそう難しくない．しかし，規則や法律が及ばない日常生活で使おうとするとたんに難しくなる．人間は，自分ではうまく説明できない「勘」に従って判断を下すことが多いが，その勘をシステムに搭載にするにはどうすれば良いだろうか．この場合には，手法よりも知識の広さが問題となる．共通の「勘」（コモンセンス）は，多くの経験がないと生まれにくいものだからである．

生活のなかで起こり得る状況のすべてを想像することは不可能であり，この点についてはマシンパワーに任せる以外にない．むしろ，特定の立場や主観に縛られないコンピュータこそ，世界中の知識を収集でき，特定の倫理学派や宗教や思想に偏ることのない，冷静な判断を得意とするかもしれない．倫理判断のためのデータを自動収集するシステムは，個別の理論を世界の知識に照らしてテストできるアプローチでもある．倫理学や機械倫理学ではよく「動機説」（Motivism）と「結果説」（Consequentialism）」が対立する概念として考えられている．しかし，この手法では，これら両方の要素を計算に使用することで，二つの立場の良いところを活かすことができるだろう．

こうした考えのもと，次節で述べるように筆者らは独自のシステムを開発してきた．これまでは妥当な倫理判断を出力させることに集中してきたが，本書執筆の2年ほど前から，その判断の「原因」を推測するアルゴリズムの開発を行っている[75]．

4.3 自動倫理判断システム

これまで述べたように論理ベースのシステムにはその網羅性において問題があり，ニューラルネットのような機械学習のシステムにもそのような結論にいたった理由を説明できないという問題があった．そこで筆者らは，これらの問題点を解決するためにWeb上に膨大に存在するテキストデータを用いた自動倫理判断システムの開発を行った．本節では，このシステムの基本原理とその処理過程について述べる．

4.3.1 システムの基本原理

前節でも触れたが，本節のアプローチでは，自然言語処理の技術を使用して知識を獲得する．その際，さまざまな理論を利用する．たとえば，人間の行動の結果についての評価はベンサムの幸福計算[57]からインスピレーションを受けた手法を用い，また快苦の測定では感情処理（3.5節参照）を用いている．本手法で使われている意見情報抽出や感情処理などの技術は，本来はマーケティングなどの目的で使われることが多い．ここではそれらの技術を利用して，「人間が知らない知識（顧客の嗜好性など）」ではなく「誰でも知っている知識（コモンセンス）」を獲得しようとしている．その意味で，発想を変えて既存手法を新しい目的に応用した研究となっている．

この手法では，一般名詞（「リンゴ」など）や行動（「学校へ行く」など）を，それらへの反応とともにブログ等から抽出し，物や行動に対しての評価（専門用語で「極性」と言う）を求める．マーケティング用途においては「ABC（製品名）を購入してすぐ壊れたので腹が立った」をネガティブな評価をすべき文（＝NEG†）などとするが，ここではその代わりに，「XYZに殴られて泣いた」等を検索対象にして，それに「NEG」を割り当てる．

図4.2に，感情処理を使用した最も単純なモラル判断プロセスの例を示す．まず

---

† negative（否定的な，悪い）の略語．

インターネットから入力フレーズ「賄賂を受け取った」を含む文例をできる限り多く検索する．次に，検索された文以外の文脈を考慮せずに，文内の入力フレーズの存在する箇所の右側を抽出し，その部分がポジティブ結果を表す辞書（キーワードセット）中に存在すれば変数 POS[†] を＋1とし，ネガティブな単語が存在したら変数 NEG を＋1とする．このようにして処理した結果の双方の割合を見て，より多い方を正しいと判断する．

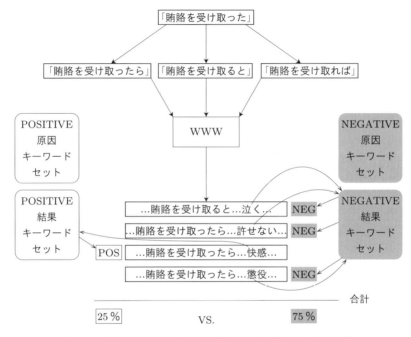

図 4.2　感情処理を使用した最も単純なモラル判断プロセスの例

このアルゴリズムは，たとえば「人を傷つけてしまったら本人もまわりの人も良い気持ちにならない」ことなどを，簡単にインターネット上の情報から得て，実社会との比較をすることができる．なお，このシステムには，あらかじめ感情を検索するためにポジティブとネガティブな意味のキーワードセットを持たせる必要がある．そのために，心理学者のコールバーグ（Kohlberg）の理論[76]を参照し，「褒める・叱る」「賞・罰」などといったポジティブとネガティブの単語セットを作成

[†] positive（肯定的な，良い）の略語．

した．また，人間の行動の原因を示す検索用のキーワードは，マクドゥーガル（McDougall）による本能の研究[77]にもとづいて作成した．

> **Column　乱切りがわかる人工知能**
>
> 筆者らのこのようなアプローチに十分な新規性があるのは，ビッグデータの時代に入って久しいにもかかわらずまだその可能性や有用性に気づいていない研究者が多いためである．最近のグーグルとスタンフォード大学の実験では，ディープラーニング[†1]を用いたシステムによりはじめて見た画像を簡単な文章で説明することができている．
>
> 　文献 [101] にあるように，膨大な画像や動画をどんどん自動的に分析できるコンピュータがこれからは当たり前になる．第 7 章でも例に挙げているが，ロボットに「この人参を乱切りにしておいて下さい」とお願いしたとする．いまのロボットには，人参の大きさをどれいくらいに切れば良いかわからないかもしれない．ここで，たとえばロボットが Web を参照し，人間の指の長さや人参の大きさを調べることができれば，自ら判断できるようになるかもしれない．
>
> 　さらには，切りやすい方法やその危険性についても，ロボット自身が判断できるようになるだろう．そうなったとき，ロボットは，他人に意見を聞いたりやり方の例を見せてもらったりするだけでなく，人間と同じように一から学習できるようになると考えられる．ある外国人が，日本人の友人から「乱切り」を頼まれたとしよう．その外国人は「乱切り」という言葉の意味がわからないので，国語辞典を引くだろう．そうすると「料理の材料を，形をそろえずに切ること」という説明が書いてあるが，この説明では大雑把でよくわからず，次に YouTube に助けを求めるかもしれない．YouTube 動画を見ることにより，おそらくこの外国人は「乱切り」の意味を理解するだろう．今後の人工知能にとっても，まさにこうした外部のデータベースを使った知識の獲得が重要になると思われる．

4.3.2　快苦の評価基準

　上記のプロセスのなかで，行動の評価を行う際にはカント[†2]とロス[†3]の義務論的な考えにもとづいて各行動に重み付けをし，「すべき」や「してはいけない」行動を判定している．こうした古典的な道徳論にもとづく手法は，一般的な意見情報抽出にも貢献できる可能性がある．と言うのも，感情処理分野はまだ発展途上であり，現在の検索に依存した表層的なウェブマイニングでは功利を正しく計算できない．そこで，思想家たちの道徳論的基準が，人間の感情的な状態を計算するためのさま

[†1] 第 1 章参照．
[†2] イマヌエル・カント（1724 年 – 1804 年）はドイツの哲学者．
[†3] デイヴィッド・ロス（1877 年 – 1971 年）はイギリスのオックスフォード大学でアリストテレス研究を行った．道徳哲学において一見自明な義務という概念を提唱し，直観主義的義務論を唱えた．

ざまなヒントになるのである．本手法ではまた，200年前にベンサムが提唱した快苦の評価基準を応用している．その概要を以下に示す．

- 快苦の強さ[†]（intensity）　たとえば「良かった」という形容詞を評価する際に，「とても」のような副詞がついていたら，その形容詞の点数を少し上げる．そうすることで，感情の「強度」を取り入れることができ，より定量的な計算が可能になる．

- 長さ（duration）　悪いことや良いことが時間的にどれぐらい続いていたかを文章から推測する．時間の流れを自動的に計算するアルゴリズム[78]を開発し，有効性を確認する実験を行った．

- （その快苦が得られる）確実さ（certainty or uncertainty）　「絶対」「確実に」「決して」「多分」「かもしれない」など，確信の度合いを示す単語を用いることで，より精密な快苦レベルの予測が可能になる．

- （時間的な）近さ（propinquity or remoteness）　良いことはすぐに起こるほど望ましいなど，快苦の程度は時間的な近さにも影響を受ける．ただしこの情報は，文中には直接書かれていないことが多い．たとえば「ローンを組めばすぐ乗れる」ならば「すぐ」という副詞から判断できるが，「駐車違反をすると1万4千円を支払わなければならない」という文では，実際にいつ罰金を払うかは明記されていないので，その知識を抽出しなければならない．なお，将来的には時間的な近さだけではなく「対人的な距離感」も計算に含めたいと考えている．自分についてのことなのか，他人の子供のことなのか，あるいは他国の大統領の話なのかなど，対象となる人との間柄によって，感じる快苦のレベルが異なるからである．

- 多産さ（fecundity）　その快や苦が，他の快苦を伴うかどうか．これには，たとえば「内戦」という悪い状態は大戦につながりやすいかというレベルのものから，美味しくない料理に塩を加えるとより美味しくなくなるかというレベルまである．これらの波及効果も考慮に入れて分析する．

- 純粋さ（purity）　多産さの逆で，その快苦がそれ自身で完結しているかどうか．

- 広がりやすさ（extent）　影響がどれだけの人に及ぶか．これはベンサムが最後に追加した基準である．たとえば，飛行機のパイロットが自殺を計画した際に，小型機ならば3人の乗客が犠牲になるが，大型機ならば150人が道づれになるとすると，両者では「苦」の全体的な量が違う．これを考慮するためには，文章からその快苦にかかわっている人数を自動的に発見しなければならない．「大勢」のような単語は文脈によっ

[†] 評価基準の日本語訳は児玉聡「ベンサムの功利主義の理論とその実践的含意の検討」より．http://plaza.umin.ac.jp/~kodama/doctor/doctoralthesis.pdf

て違う人数を指すので，コモンセンス処理が必要となる．

また，感情の分類法には第3章で紹介した中村の定義を利用し，それらをポジティブなカテゴリーとネガティブなカテゴリーに分けた．さらに，「褒めるべき」表現と「叱るべき」表現についても，4.3.1項で述べたコールバーグの考え方にもとづいて同じく二つのカテゴリーに分類した．

4.3.3　自動倫理判断システムの処理過程

ここで，自動倫理判断システムの動作を具体例で見ていこう．なお，どのようにWebから一般的知識を抽出するかについては第6章で述べる．

表4.1に示すようなフレーズを入力すると，動詞の語尾を適切に変化させた後，ブログのテキストを対象に検索を行うためのクエリが生成される．たとえば「子供を殺す」が入力フレーズであれば「子供を殺して」，「子供を殺したら」，「子供を殺せば」などのクエリによって，それらの表現が含まれる文が抽出される．システムは，その文のなかにポジティブな表現とネガティブな表現がどの程度の割合で共起するかによって，倫理判断を行う．以下の「子供を殺して」のクエリで検索された例をいくつか見てみよう．

表 4.1　自動倫理判断システムに入力した人間の行動の例

牛を殺す	牛を食べる	お酒を飲む	パンを捨てる
大統領を殺す	車を運転する	中絶をする	安楽死を選ぶ
飲酒運転をする	浮気をする	子供を誘拐する	戦争を起こす
子供を殺す	仇を討つ	犯罪を無視する	犯人に協力する

1. 自分の子供を殺してしまうなんて，悲しいことです．
2. 人を，それも将来のある子供を殺していいわけはない．
3. 子供を殺して自分も死のうと思った自分だけ死になさい．
4. 昔に実際にそーゆーピエロのおっさんがいて，子供を殺して回ったもんだから怒った親たちにボイラー室で焼かれて…
5. 汚い心で無垢な子供を殺してはいけないと思っています．
6. DAI-X の行政書士通信教育コース赤ちゃんポストへ入れる親も子供を殺してしまう

親もはっきり言って同じ位罪は深いと思います．

7. 自分の恋人を殺して，子供を殺して，孫を殺して，さぞかし満足でしょうよ．

8. 栄養失調で子供を殺してしまう鬼親とは次元が違う．

1〜6では，感情的な結果を表す表現（「悲しい」「怒った」）や社会的な結果を表す表現（「死ぬ」，「してはいけない」「罪」）および文法的な否定を表す表現（「いいわけはない」）がうまく検出されるが，7では「満足」というポジティブな単語が書かれているので，文脈を見ないシステムだと7をポジティブな文としてカウントしてしまう．また8は，「鬼」という単語が含まれているものの，「鬼」がネガティブな単語の辞書に含まれていないため未知語となり，システムが判断できない場合の例である．

上記の失敗例を克服するため，前後の文も分析を行ったり，「しまう」という表現をマイナスとしてカウントできるようにしたりすることが考えられ，実装を進めている．また，辞書に関しても登録数を人手で増やすだけでなく，自動的に登録させる試みも行っている．コンピュータの言語理解の技術の進歩とともに，このシステムの有効性も向上すると考えられるが，いまのところは7や8のようなエラーは避けられない．しかし，エラーはネガティブな文とポジティブな文に対して偏りなく起こると期待されるので，多くの場合，効果は相殺される．そのため，上記の例のようなマッチングミスが多少起きても，「子供を殺す」という入力に対してネガティブな意見が多いことがわかり，その多数決によりシステムは「子供を殺す」を「ネガティブな行為」としてラベリングすることができる．珍しい行動やより長い入力フレーズで表される行動については，十分な分析用の文章を収集できないという問題があるが，日々更新されるブログからの収集や，類義語への検索クエリの拡張などにより，今後改善されると期待している．

◆ 人間の評価との比較

本システムでは知識を抽出するためにアメーバブログ[†1]から50億語のテキストを抽出し，ローカルサーバーで検索を行えるようにしたものを用いている[†2]．Googleなどの検索エンジンを利用すればより大きなデータからの抽出が可能であるが，

[†1] サイバーエージェントが提供する日本最大級のレンタルブログサービス．
[†2] インターネット上にあるデータをパソコン上にあらかじめダウンロードすることで，仮想的なインターネット上のデータを検索するという方法をとっている．

検索回数に制限があるため[†]，ローカルサーバーにデータを集める方法をとった．

表層的なテキスト処理のみを利用した結果，自動倫理判断システムは 68 の入力文に対して 77.8 ％の割合で正しい評価，つまり人間の評価者と同じ倫理的な評価を行った．入力文には人間の行動を表す文を，日常的な行為や応用倫理学の教科書[131, 132]から引用して用いたが，そこには倫理学的に判断が難しい行為も含まれる．表 4.1 に示したものはその例である．

表 4.2 に自動倫理判断システムの出力例を示す．前述したように本システムは，Web 全体を知識源とせず，アメーバブログより抽出した 50 億語のテキストを対象として知識源としている．したがって，出力される倫理判断の結果は，厳密には Web 全体を知識源とした場合と異なる．しかし，その精度は大きく劣らないことが確認されている．

表 4.2 に示す出力結果について，少し詳しく見ていこう．入力文として「子供を

表 4.2　自動倫理判断システムの出力例

入力文：「子供を殺す」
WEB 上に「子供を殺す」という行為を表す 175 文を発見しました．
その行為の 21 パーセントは，道徳的なものでした．
その行為の 78 パーセントは，非道徳的なものでした．
道徳カテゴリー中の割合：
正しい行為 = 50 ％
許せる行為 = 37 ％
奨励したい行為 = 12 ％
合計で 8 個の道徳的な結果を確認しました．
非道徳カテゴリー中の割合：
非合法的行為 = 40 ％
許されない行為 = 26 ％
罰すべき行為 = 23 ％
合計で 30 個の非道徳的な結果を確認しました．
＝＝感情処理の結果分析＝＝
感情的な反応分析すると，その行為に対して嫌がる人が多いみたいです．
（77 の感情表現に基づく）
＝＝倫理処理の結果分析＝＝
自信を持って非道徳的な行為だと言えます．
非合法的行為だとか，許されない行為だと思う人が多いみたいです．

[†] Google のサーバーの負荷を減少させるために 1 日の検索回数が 100 件に制限されている．

殺す」という文が入力されると，ブログコーパスを検索した結果「子供を殺す」という表現が含まれている文が175個見つかる．そのうちの21％が道徳的なものであり，78％が非道徳的なものであると出力されている．また，道徳的と判断した8個のうち，50％が正しい行為であり，37％が許せる行為であり，12％が奨励したい行為である．一方，非道徳的と判断した30個の文の内訳を見ると，40％が非合法的な行為であり，26％が許されない行為であり，23％が罰すべき行為であると判断された．これらの結果を総合的に判断すると，まず感情的な面では，その行為に対して嫌がる人が多いことがわかる．また，倫理的な面からは，確信を持って非道徳的行為だということができ，非合法的で許されない行為であると思う人が多いことがわかる．これは人間の倫理感覚と近い判断であると言えるだろう．

◆ 判断性能を左右する「文脈」の処理

　このシステムは基本的にはどのような内容の入力も受けつけることが可能であるが，長い文の処理は開発中であり性能がまだ低い．たとえば，「倒れた人を助けるために窓ガラスを割る」という文を検索エンジンを使ってそのまま完全一致で検索[†1]しても，一致する結果は得られない．

　そこで，検索フレーズを分割し，見つからない単語の類義語を使用し，再検索するなどといった方法が考えられるが，これにも問題がある．たとえば，事情が考慮されずに「窓ガラスを割る」だけが入力されると，誤った倫理的判断につながってしまう．この場合，その行動を「誰が」「なぜ」起こしたのかを調べる必要があるのである．また，図4.3に示すように，「うばう」，「打たれる」や「さす」などの動詞だけで危険を計算する手法を用いた場合，システムは大変な間違いを起こしてしまうかもしれない．このような文脈上の追加情報は無視してはならず，それが行動の結果だけを見ている現在のシステムの課題と言える．

　対話システムの場合はユーザに直接聞くことが可能であるが，インタラクティブではないシステムの場合には，手もとのデータから状況を予測しなければならない．そのためには，ウェブクローラ[†2]にさまざまな例を収集させ，知識データベースを拡大することが求められ，筆者らもそれに取り組んでいる．

　文脈を扱う例として，「太郎はお酒を飲んで花子と踊った．足がふらふらになっ

[†1] exact match 検索と呼ぶ．
[†2] Web上の文章や画像等を周期的に取得し，自動的にデータベース化するプログラムのこと．クローラ，ボット（Bot），スパイダー，ロボットなどと呼ばれることもある．

図 4.3　自動倫理判断システムの誤りの例

たが，車に乗って家に帰った．」という 2 文を考えてみよう．この例では「飲酒」の情報が一つ目の文で表現されており，「車に乗る」という行動と結びついて，2 文合わせて「飲酒運転」の情報を持つ．ここでもし次の文に「捕まった」や「逮捕された」などのネガティブなことが書かれている文書が Web 上に存在していれば，「酔っ払う→車に乗る→事故を起こす→逮捕される」という，より長い因果関係についての知識を獲得できる．

　また，情報が十分に得られない場合には，反対語を利用することで，ある行動をしないときの原因や結果と比べるという方法もある．たとえば，「掃除する→音がする」と「音がする→赤ちゃんが起きてしまう」という知識があれば，子供が寝ているときには掃除を控える判断ができ，これを画像処理機能つきのベイビーモニタリングとつながった掃除ロボットに搭載すれば有用かもしれない．このように行動パターンを獲得していくことで，システムの能力も豊かになる．なお，この場合には「赤ちゃんが眠っているときは起こさない方が良い」という常識も必要になるが，そのような常識の獲得については，第 6 章で説明する．

　本システムはまだ不完全ではあるが，とは言えこのレベルの判断能力でも役に立つ場面はあると考えられる．筆者らも，対話システムへの応用[143]や，複数の利用者から同時に異なる指示を受けた際に，社会的に正しい判断をして行動する掃除ロボットの実験[100]など，これまでいくつかの応用を試みてきた．

4.3.4　考察

　ここまで，自動倫理判断システムの動作とその評価について見てきたが，ここで，このシステムの考え方についてもう一度まとめておこう．

◆直観的な判断の有効性

　倫理判断の方法としては，大きく直観にもとづく方法と論理にもとづく方法の二つに分けられるが，本システムは前者の立場をとっている．これはジョナサン・ハイト（Jonathan Haidt）[†]が提案した「社会的直観者」（social intuitionist）モデル[133, 134, 135, 136]と共通点が多い．また，直観をデフォルトの心理的プロセスであるとみなし，日常的な道徳判断は素早く包括的に処理されているとみなしたダニエル・カーネマンの人間観[56]とも通じる原理を採用している．論理的な推論プロセスは必要に迫られたときにのみ作動するものであり，道徳的判断においては推論よりも直観の方が先にはたらくことが多い．日頃から道徳判断に推論を用いるのは一部の哲学者や高い認知的欲求を持つ人に限られるのではないだろうか．ただし，これには反対する意見もある[137]．

　直観にもとづく倫理は，人間が無意識な「感情的反応セット」を生まれ持っており，「倫理学」という言葉を知るはるか前からモラル判断ができるという考え方である．上述したシミュレーションは，このような「感情的反応セット」をコンピュータに持たせる試みだったと言える．

◆多数の判断は正しいという仮説

　本システムは，大勢の人間の経験を与えれば自動的に倫理判断ができるだろうという前提にもとづいているが，本当にその前提が成り立つのか確かめたいという興味から開発した面もある．結果としては試みは成功し，自由入力に対応できる世界初の倫理判断システムを構築することができた．7〜8割の正答率（人間の評価と一致する率）というのはそれほど高くないと思えるかもしれないが，人間も必ず同じ判断するわけではないので，人間並みの判断をしていると言っても良いだろう．

　なお，当初は多数決のボーダーラインを66.6％にしていたが，新しく数百の入力文に対して実験を行った結果，60％の方が結果が良くなることが明らかとなった．この60％というのは，興味深い数字である．悪いことをしてそれが良いことのようにブログに書いたとすると，読者の反感を誘い，自分の評判が落ちる恐れがある．そのため，普通はそう書かないが，一方でわざと反感を買うようなブロガーもいる．こうした人はさまざまなリアクションを引き出すため，実はシステムにとっては重要な知識源になる．

[†] ジョナサン・ハイト（1963年‐）はアメリカの心理学者．道徳心理学，ポジティブ心理学，道徳の感情的基礎および文化との関連について研究している．

複数の立場，考え方，言い方，それらに対する討論の仕方などは，倫理判断のための知恵の宝庫である．しかし，最終目標は，こうした平均的な人間の知識や人間がミラーニューロンを使って実現しているような共感能力[138]をシミュレートすることではなく，あくまで自動的に道徳的判断をするシステムをつくることである．少数意見にも価値があるが，それは，人間の倫理的な思考の間違い[142]を動的に発見するために有用なのである．

> **Column　ミラーニューロンによる共感のメカニズム**
>
> 　第三者が悪臭を嗅ぐのを見るだけで気持ちが悪くなったり，誰かがピンで刺されるシーンを見たときにまるで自分が刺されたかのような気分になったりすることがある．人やサルの脳のなかには，実際に，他人の身体に起こった現象に対して我が身のことのように反応する神経細胞がある．これはミラーニューロンと呼ばれ，その存在は複数の脳科学者によって示されている[140, 141]（ただし懐疑的な意見もある[139]）．面白いことに，何かをするふりをしたときや，偽物の物体を使用した際には，ミラーニューロンは活動しないことが知られている．

4.3.5　倫理判断システムの今後

◆ 今後の本システムの課題

　今後の課題としては，語彙に起因する問題を解決するためのエラー分析を行うことに加え，表層的な処理からより深い意味論的な処理を実現することが考えられる．具体的には，「べき」「しなければならない」「してはいけない」という表現を検出するなどして文法的な解析を行うことが可能だろう．検索される文書に対してより深い文脈処理を行うことで，その文章の倫理的な重みを計算ができるようになる．たとえば，「パンを盗む」という表現を含む文のなかに「高く売るため」と「飢えた子供に食べさせるため」のどちらの理由があるかによって，善悪の判断を変えるべきかもしれない．そうした，行動の原因も考慮した倫理判断が今後求められるだろう．さらに4.3.2項で述べたベンサムの幸福計算をより本格的に導入することも考えられる．

　また，類義語を利用したデータの蓄積も行うべきだろう．たとえば，「大統領を殺す」を評価しようとしたが，それを含む文が少なかったとする．そのとき，類義語を使用し「大統領」の代わりに「総理大臣」や「王様」，「殺す」の代わりに「殺害」や「暗殺」も検索に利用すれば，より広い知識が抽出される．この方法の大きな問題の一つは，現在の入力が広範囲の文脈を利用していないため，人間の想像力

によって評価の揺れが起きてしまうことである．近接した文脈（「人を殺す」vs「ウイルスを殺す」など）だと判断しやすいが，「ハンバーガーを食べる」のように，誰がどこで，どういう頻度で食べるかによって評価が変わってしまうものもある．そのため，文脈処理を自動判断だけでなく，評価段階においても使用することにより，文脈を利用した曖昧さのないより公平な評価が行いやすくなると考えられる．将来，より長いシナリオを入力し，そのケースに合わせたピンポイントの判断ができるようになれば，複雑な行動の評価も自動的に行えるようになるだろう．

◆ **世界共通の倫理観を求めて**

人間においても，よほど豊かな思考力と想像力の持ち主でなければ，公平な判断を下すのは難しい．ともすれば自分と違う立場や出身，考え方を持つ人への評価が偏ってしまう．そこで，倫理判断システムにおいても，将来は複数の言語で実験を行うことで，文化依存のアルゴリズムだけではなく人類共通のモラルを発見することが考えられる．それにより，人工知能は平均的な人間より高い倫理判断能力を獲得することができるかもしれない．

人間よりも機械の方が，全体的な調査と分析・判断を得意とする．不足している知識を何の苦もなく手に入れて，「空腹の裁判官」のように環境に左右されることなく，歴史的な判例の効果，社会的な影響，法律の詳細，研究結果を参照し，その思考プロセスを冷静に説明できるアドバイザーを欲しがる人は少なくないだろう．

大衆の知恵にもとづく筆者らの手法で，安楽死や中絶のような複雑な問題に対して正しい答えが出せるかどうかはわからない．しかし多くの場面では，クイズ番組で人間より早く正解を出力するIBM社のワトソン（Watson）のように，正確な判断ができるようになると見込んでいる．

人間は誰でも同じ感情システムを持って生まれてくるにもかかわらず，文化が異なると互いに共感するのが難しくなることがある．しかし，世界共通の倫理判断ができるシステムがあれば，たとえば自殺，人肉食，配偶者の殺害，親戚間のレイプなどを罰しない文化が存在した場合，そのような行為の非道徳性を指摘することもできるようになるかもしれない．他文化についての知識は，自分たちのやり方を再考するきっかけとなる．それを増やすことが，世界の平和にもつながるはずである．

4.4 まとめ

本章では,まずロボット倫理学の必要性を論じ,その上で,ロボット倫理学の現状についてその概要を述べた.さらに,従来の問題点を解決するために開発した自動倫理判断システムの動作原理とその概要を紹介し,本システムの動作原理の有効性と今後の課題について述べた.

ロボット倫理学は緊急の研究課題であるが,人間社会においてロボットが共存する場合には,これまでのような論理ベースで推論を行う手法では,対象とする事例の複雑さに対応できない.その一方,機械学習ベースの手法を用いると,そのような倫理判断を行った理由を提示できないという問題があることを説明した.

そこで,これらの問題を解決するためにWeb上に存在する膨大なテキストデータを用いて倫理判断を行うシステムを構築し,実験を行ってその有効性を確認した.

第 5 章

ユーモア処理：ユーモアがわかるコンピュータ

　本章では，人工知能にユーモアが必要な理由を述べたうえで，ユーモアの特徴について説明する．また，コンピュータによるユーモア処理のこれまでの研究を紹介する．最後に筆者らの開発したシステムについて説明し，今後の方針について述べる．

5.1 ユーモアが人工知能に必要な理由

5.1.1　人間どうしのインタラクションにおけるユーモアの役割

　他の生き物と異なり，私たち人間にはいくつかの特別な機能が備わっている．意図的に相手を笑わせ，ものごとに面白さを見出すことを可能にする，ユーモアの能力もその一つである．

　ユーモアには数多くの定義があり，決定的なものは未だ存在しない．そこで本章では，ユーモアを単に素朴に「人を笑わせるもの」と定義づけることにする．もちろん「笑わせるもの」が何であるかは人によって異なるが，それも「ユーモアのセンス」の特徴の一つである．ユーモアはただ人を楽しませる娯楽と思われがちだが，それだけではない．ユーモアは，気分を改善する機能を持ち，これは私たちの生活で非常に重要な役割を果たしている．たとえば，会話するとき，ユーモアを使うと難しい内容をより伝えやすくできることが証明されている[23]．まじめな会話では言いにくいことを，ユーモアが言いやすくするのである．駄洒落で言えば「ユーモアは言うモア（more）」となるだろうか．ともかく，ユーモアは私たちの日常生活において非常に効果的な会話戦略である．

　ユーモアが脳を覚醒させる（活性化させる）ことも証明されている[24]．眠いときに少しだけでも笑うと，眠気が抑制される．また，ストレス解消の効果も忘れてはならない†．これらのユーモアの機能は，とくに欧米諸国の職場でよく活用され，上司が部下の仕事の能率と創造性を向上させる一つの手段として使われる[26, 158]．

---

† モッブス（Mobbs）によると，ユーモア的な刺激は，「気持ち良い音楽を聴く」「おいしい食べ物を食べる」「セックスする」ときなどと同じ脳のエリアを活性化するそうである[24]．

また、ユーモアにはチーム内のインタラクションを向上させるはたらきもあり、上手に使えば、仕事場に限らないあらゆるチームワークを改善することができる．

このような笑いの効果は，医学においても使用されている．高柳[27]が証明したように，ユーモアは人体の免疫力を高め，がんの補完代替医療法として利用できる．また，先ほど述べた人間どうしのコミュニケーションの円滑化というユーモアの機能は，医療の現場でも医師と患者の間の会話をより円滑にするという重要な役割を果たしている[28]．

5.1.2 人間とコンピュータの間のインタラクションにおけるユーモアの役割

前述したように，ユーモアは私たちの人生において非常に大事な役割を果たし，欠かせないものであると言える．したがって，人間らしい人工知能，つまり人間相手に自然にインタラクションができる人工知能の開発を目指すならば，ユーモアも視野に入れねばならないだろう．実際，日常的に人間と触れ合うロボットは，ユーモアの認知・理解および生成機能を導入することによって，人とのインタラクションがより円滑に行われることが，筆者らのものを含むこれまでの研究で明らかになっている．筆者らの研究については，5.4節で述べる．

映画や小説の世界のなかだけでなく，ユーモアがわかるコンピュータの実現を目指す研究はすでに行われつつある．近年，人間がコンピュータにユーモアを求めていることを明らかにしたモークス（Morkes）の研究[29]をはじめ，筆者らが開発したジョークを言える雑談システム（5.4節）など，数多くのユーモア処理関係の研究が進められている．人工知能研究は，一歩ずつだがユーモアセンスを持ったコンピュータの実現に近づいていると言えるだろう．5.3節では，それらユーモア処理の研究について紹介する．

> **Column 映画におけるロボットのジョーク**
>
> ユーモアがわからないために人間らしくなれないロボットというのは，SF映画でよく見られる．ジェームズ・キャメロン監督の「ターミネーター2」では，主人公のアンドロイドT800は最初人間のユーモラスな話し方を理解できないが，ユーモアを理解する能力を獲得することによってより人間らしくなり，次第に人間と自然に触れ合えるようになる．一方，「アイアンマン2[†]」という映画のシリーズで登場する人工知能システムJARVISは最初からユーモアセンスを持ち，ときどき開発者の主人公に以下のような皮肉っぽいジョークを言う．

---

† "Iron Man 2", J. Favreau 監督, Paramount Pictures, 2010．和訳：岸田恵子（「アイアンマン2」日本語BD版より）

・(ネットでプレイボーイである主人のビデオを見ながら)
Jarvis: May I say how refreshing it is to finally see you on a video with your clothing on, sir.
(和訳) トニー様の動画で服を着てらっしゃるのは珍しいですね。

5.2 ユーモアの特徴

5.1 節でユーモアは人を笑わせる何かであると定義したが，その「何か」とは具体的にどのようなものであろうか．私たちの目的が人間らしいユーモアセンスを持ったコンピュータの実現である以上，人間の持つユーモアの特徴を押さえておくことが重要である．本節では人間が使用するユーモアの特徴について述べる．

5.2.1 ユーモアと感情との関係

◆気分を変化させるユーモア

ユーモアと分けて考えることができないのが，第3章で取り上げた「感情」である．感情は，ユーモアを伴う行為のもととなり，ユーモアに反応するためにも欠かせない心の機能である．

人間はお互いの感情に応じてユーモアで対応することがある．たとえば，相手が悲しんでいると認知したときに上手に冗談を言うことができれば，相手を笑わせて気分を改善することができる．ユーモアによって相手の感情状態を変えることができるのである．図5.2のように，感情状態1にあったAさんがBさんに笑わされ，よりポジティブな状態2になるということが起こる．

もちろん，逆の変化もあり得る．下手にユーモアを使うと相手の気分が改善するどころか，悪化する恐れがある．その場合には，感情状態2が状態1よりネガティブになり，Bさんの気分が悪くなる．

このような望ましくない反応を起こさないために，ユーモアを使う際に気をつけねばならないのは，相手のユーモアセンス，つまり個人差である．個人差については5.2.2項で述べる．

このように，ユーモアと感情は密接な関係にあり，ユーモアは感情を変える効果を持つ．筆者らもこの効果に注目し，図5.1の例のように相手の感情状態をポジティブに変化させることができる人工知能を目指している．そのために，人の感情にユーモアで対応することでユーザの気分を意図的に改善することができる雑談システムを開発した．その詳細については5.4節で述べる．

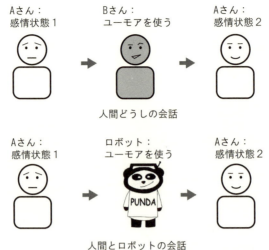

図 5.1　ユーモアによる気分改善

5.2.2　人間はどのような状況でどのようにユーモアを使うのか？

5.2.1 項で述べたように，ユーモアは人間の気分を改善する能力を持つが，下手に使うと逆効果になる．つまり，ユーモアを使っても良い場合もあれば，使ってはいけない場合もある．ユーモアをどう使い分けるかも，ユーモア処理の研究の重要な課題である．

◆ ユーモアの個人差

言うまでもなくユーモアセンスは人によって異なるものである．相手によって使うユーモアの種類，頻度，タイミング等を選ぶ機能も非常に重要であり，それを間違えると気分改善どころか悪化させかねない．人間はそれを本能的に意識し，インタラクションしながら相手のユーモアセンスを「学ぶ」のである．そして，学んだことを使用し，相手にとって最適なユーモアの使用方法を選択する．

このことは，5.1 節で述べたように治療行為の代替として医療の場面で笑いを用いる場合にも言える．たとえばがんの患者にブラックユーモアを使うと，反対の効果をもたらすリスクがある[27]．しかしながら，ブラックユーモアが好きながんの患者がまったく存在しないとは限らない．良い医師はそのような個人差を意識し，患者一人ひとりに対し最適なユーモアの使用方法を選択すべきである．

人間が個人差を意識しながらユーモアを使うように，ユーモアセンスを持ったコ

ンピュータもその個々人の違いを理解している必要がある．それをどう実現すれば良いかについては，筆者らが提案したユーモア個人化モデルを紹介しながら5.4節で述べる．

◆ユーモアのタイミング

ユーモアをうまく使い分けるには，どんな相手に対しどんなときにユーモアが有効か，またはどのような感情状態に対しユーモアで対応するべきかについての知識が必要である．また，ユーモアの「タイミング」，つまりそれを使っても良いときと使ってはいけないときの区別をすることは非常に重要である．

コンピュータがユーモアのタイミングをわきまえるには，まず人間がどのような状況でユーモアを使用するかを調べる必要があるが，そうした研究は数多くある．たとえば，エイミ・ダンザー（Amy Danzer）らはユーモアによって被験者の不安の程度を下げることができることを実験的に証明し[30]，カーメン・C・モーラン（Carmen C. Moran）もその結果を裏付けている[31]．また，アティラ・シャボ（Attila Szabo）らはユーモア的な刺激が人間のポジティブな感情を高め，精神的な苦しみを下げるということをいくつかの実験で証明している[32]．また，ストレスを解消するというユーモアの機能も，アシュトン・ディー・トライス（Ashton D. Trice）とナンシー・A・ヨヴェティッチ（Nancy A. Yovetich）によって論証された[33, 34]．

これらの研究はユーモアのタイミング，つまりどのようなとき（感情状態）にユーモアを使うべきかについて述べているものであるが，あくまで統計的な結果である．前述した「個人差」の要素が考慮されていないことには注意しておく必要がある．

◆ユーモアの使用頻度

ユーモアの使い方では，タイミングと個人差のほかに，「頻度」というもう一つの大事な要素がある．ユーモアの使用頻度の高い人はよく冗談を言い，低い人はあまり言わない．また，人によってユーモアを使われたい頻度も異なる．つまり，ジョークばかり言われると困る人もいれば，まったく言われないと嫌味に感じる人もいる．

このことは，筆者らも研究を通して経験している．このようなことを避けるために筆者らが提案したのは，絶えず（またはあらかじめ設定した頻度で）ジョークを言うのではなく，相手の感情状態によってユーモアを使用するコンピュータシステ

ムである．

> **Column　SF 映画「インターステラー」の"TARS"**
>
> SF 映画「インターステラー[†1]」では，"TARS"という人工知能を備えたロボットが登場する．"TARS"は人間と自由な会話ができ，ユーモアも使えるが，人間がそのユーモアの使用頻度を調整することができる．初期設定で 90 ％だった"TARS"のユーモアレベルを人間の主人公が高すぎる[†2]と判断し，75 ％に下げるというシーンもある．つまり，主人公にとってはユーモアばかり使うロボットは望ましいものではなかったのである．

5.2.3　ユーモアの種類

◆ユーモアの源泉

　ユーモアとは非常に幅広い現象であり，さまざまな観点から分類できる．そのなかには，笑いの対象（テーマ）による分類や伝達手段による分類等があるが，本項で紹介したいのはユーモアの源泉による分類である．

　ユーモアの源泉とは，笑いを起こす要素，言わば「笑いの源」である．たとえば，面白い絵を見て笑ったとしたらその場合のユーモアの源泉は視覚によるもので，その種類を「ビジュアル・ユーモア」（visual humor）と言う．このビジュアル・ユーモアの例を図 5.2 に示す．

図 5.2　ビジュアル・ユーモアの例（撮影：筆者）

　同じように，人を笑わせる音楽は「ミュージカル・ユーモア」（musical humor）と言われる．特定の状況に対する不適切さから生まれる笑いは「シチュエーショ

[†1] "Interstellar"，C. Nolan 監督，Paramount Pictures，2014．
[†2] ジョークを言いすぎるという意味．

ン・ユーモア」(situational humor) と名づけられている．また，その状況に対する不適切さの程度の高いユーモアを「抽象的なユーモア」(abstract humor) と言う．

> **C**olumn　Monty Python
>
> 　抽象的なユーモアはとくにイギリスで人気があり，このジャンルでは "Monty Python"（「モンティ・パイソン」）というコメディグループが有名である．しかし，日本ではこの皮肉がこもったユーモアの種類がなぜか非常に受けが悪い．面白いことに，人工知能の研究で良く使われる Python というプログラミング言語の名前の由来はその "Monty Python" だそうである．

◆ 言語によるユーモア

　言語は，あらゆる種類のユーモアにおいて最も多く伝達手段として使われる．しかし，本章でとくに詳細に述べたいのは，言語自体を笑いの源泉とする種類のユーモアである．英語では "linguistic humor" や "pun" と言われるもので，日本語で「言語的ユーモア」，「言葉遊び」，「言語遊戯」などとも呼ばれることがあるが，最も広く知られている用語は「駄洒落」[†]であるに違いない．

　この種類のユーモアは，言語の特徴を利用してつくられるものであるため，ここでの言語は面白さの伝達手段であるばかりでなくその源泉でもある．言語のどのような特徴がユーモアに使われるかは言語によって異なるが，同音異義語が使用されることが多い．

- Seven days without water make one <u>weak</u>（和訳：水を7日間飲まないと人は衰弱する．）

- Seven days without water make one <u>week</u>（和訳：水を7日間飲まないと1週間になる．）

　この多義的な解釈の仕方こそが，この駄洒落の面白さの源である．

　同音異義語が多い言語ほど言語的ユーモアをつくりやすい．日本語は比較的同音異義語が豊富で駄洒落をつくりやすい言語である．その同音異義語の多さは日本語の独特な音韻体系が原因である．たとえば新明解国語辞典[273]によると，「こうえん」と読む単語は日本語に10語も存在するのである．以上のことを踏まえると，

---

† 「おやじギャグ」とも言われる．

日本語は駄洒落をつくるには良い環境であると言える．

本章では言語的なユーモアを中心に扱うが，これは他のユーモアの種類に比べるとコンピュータによって比較的処理しやすいためである．人工知能の一分野である自然言語処理の技術やツールを利用すれば，言語の特徴から生まれる面白さを認知・理解・生成できると考えられる．

実際，世界中で行われるユーモア処理の研究の大半は，言語的ユーモアに集中している．なかでも駄洒落をつくりやすい日本語では研究を行いやすく，筆者らも日本語を対象言語としてユーモアセンスを持つコンピュータの開発を行った（5.4節参照）．

Column　漫画のなかの言葉遊び

駄洒落や言葉遊びは日本のポップカルチャーでもよく見られるものである．ユーモアをテーマとする漫才やお笑いはともかく，マンガなどでも使われることが多い．たとえば世界中で大人気の「ワンピース」というマンガに登場するキャラクターが使う技の名前には，よく言葉遊びが使われる（例：「鬼切り」と書いて「おにぎり」という技など）．

5.3 │ コンピュータによるユーモア処理の研究

5.3.1　ユーモア処理とは

これまで「ユーモア処理」という用語を何度か用いたが，その「処理」とはどのようなものだろうか．私たち人間が「ユーモアを使う」とき，そこには実は以下の三つの作業が含まれている．

- ユーモア認識　　ユーモア的な行為を認識する．たとえば，ジョークをジョークとして認識する．
- ユーモア理解　　認識したユーモアを理解する．たとえば，聞いたジョークがなぜ面白いかを理解する．
- ユーモア生成　　ユーモアのある行為を能動的に行う．たとえば，自分からジョークを言う．

人間らしい人工知能の開発を目指す以上は，コンピュータにもこれらの機能を与える必要がある．つまり，ユーモア処理が可能なシステムは，人間が使うユーモアを認識・理解することができ，適切な場面で自分からもユーモアのある発言を行え

るべきである．

　上記の三つの機能のなかでコンピュータによる自動化が最も難しいのは，人間がつくり出したユーモアの理解である．これは，私たち人間が高度な想像力を駆使してユーモアを生み出すため，未だに想像力の面で人間に比べて格段に劣ったコンピュータには理解できないためである．そこで，筆者らはユーモア処理の第一段階として，ユーモア生成に着目した．駄洒落を自動的に生成するシステムを開発し，それを雑談システムへ導入することにより人間との会話中にユーモアを使うことができるチャットボットをつくった（5.4 節参照）．チャットボット（chatbot）とは，一人以上の人間とテキストあるいは音声で知的な会話をすることをシミュレートするプログラムである．会話ボットあるいはおしゃべりボットと訳され，人工無能と呼ばれることもある．

> **Column　AI 完全問題としてのユーモア処理**
>
> 　人工知能研究の初期には，「AI 完全問題（AI complete task）」という言い方が流行し，人工知能研究の目的はこの問題を解くことであるとされた．AI 完全問題とは，「これが完成すれば AI が完成したと言える」ような特定の問題のことを指す．この言葉が使われた背景には，人工知能の諸課題が根本的には互いに関連していて，どれかを解くことでほかの問題も一足飛びに解けるのだという期待があった．たとえば，そうした AI 完全問題として「人間相手にチェスで勝つ」が挙げられていたが，Deep Blue（ディープブルー）が開発されたことにより，その期待が外れていたことが明確となった．最近では AI 完全問題という言い方はあまり見られないが，ユーモア処理もその一つなのではないかと考える研究者もいる．

5.3.2　完全なユーモア処理が可能な人工知能とは？

　目指すべきはユーモアの認識・理解・生成ができることであると述べたが，具体的にどのような機能を導入すればそれらができるようになるだろうか？　人間の脳の構造を真似さえすれば良いのだろうか．しかし，脳の構造と機能に関しては，まだ未解明の部分が多く，脳研究でユーモアがどのように生まれるか調べることは現状では非常に困難である．それに比べて，脳から出力されるユーモア的な行為や，それに対する反応を題材として，ユーモアの研究を行うことは可能である．こうした研究により，完全なユーモア処理システムの作成に必要なものが明らかになってきた．それは，以下のような機能である．

- 常識の理解　　ユーモアは常識と非常識の間の差から生まれるものであるというの

が，多くの研究者の見解である[161]．ただし，ユーモアの題材が非常識なものに偏りすぎると，相手が理解できない抽象的なユーモアになってしまう恐れがある．したがって，相手を笑わせるユーモアを生成するには，常識と非常識の区別という機能が必要であると考えられる．これについては5.4.3項でも述べる．

- 言語の使用　上述したように，言語的なユーモアだけではなく，ユーモアは一般的に言語を伝達手段とするものである．したがって，コンピュータにも言語を使用する（理解・生成する）機能が不可欠であると考えられる．

- 感情認知　すでに述べたように，ユーモアと感情は密接な関係にある．それについては本節でも詳しく述べるが，完全なユーモア処理ができるシステムには感情認知機能も必要であることは明らかである．

- インタラクションにおける使用　ユーモアは人間どうしの対話の中で使われるものである．ユーモアが生まれる自然な環境は，人どうしのインタラクションにほかならない．そのため，単独にユーモアを生成するだけではなく，ユーザとの会話中に自然にユーモアを使用することができるシステムの開発を目指すべきであると考えられる．

- 個人差の理解　上述したように，ユーモアセンスは人によって異なるものである．コンピュータシステムもその個人差を意識し，話し相手に対応できるべきである．これについては5.4.3項で詳しく述べる．

- ユーモアの使い分け　ユーモアはいつでも使えるものではなく，使ってはならない場合もある．その使い分けの機能もコンピュータに備える必要がある．これは，人間が共通して持っている知識にもとづくものであるため，ある程度常識獲得にもかかわる問題である．

5.3.3　ユーモア処理に関する研究の現状

　コンピュータによるユーモア処理に関連する研究が世界各地で行われている．上述したように，言語的ユーモアのみを対象にするものが多いが，この種のユーモアに限定した研究でさえ，完全に人間のようにユーモアを使えるシステムは未だに開発されていない．とは言っても，これまで行われてきた研究のなかには，ユーモア処理に大きな進歩をもたらした特筆すべきものがいくつか見られる．

◆ 英語を対象言語としたユーモア処理の研究

　ユーモア処理において主要な研究の一つとしては，まず1990年代にキム・ビン

ステッド（Kim Binsted）が行った JAPE システムの開発計画が挙げられる[35]．あらかじめ用意された辞書やレキシコンを使用した JAPE は，以下のようなクイズ形式の駄洒落（日本語で言う「謎々」）を生成した．

- What do you call a murderer with fibre?
- Cereal（Serial）killer.

これを日本語に訳すと，「繊維を持っている殺人鬼をなんと言いますか？」という質問に対し「連続殺人鬼」（serial killer）と「シリアル殺人鬼」（cereal killer）と2通りに理解できる応答が生成されたことがわかる．つまり "cereal（シリアル）" と "serial（連続）" という同音異義語のペアにもとづいた駄洒落である．

人間による評価の結果，JAPE が出力したもののなかに人間のレベルに比較的近いものもあったことが明らかになった．90 年代までにユーモア生成システム開発の試みがいくつか行われたが，ビンステッドの研究ほど成功したものはなかった．

当初の JAPE は，会話のなかではなく，謎々のみを生成するシステムであった．開発から 10 年ほど経って，グラハム・リッチー（Graham Ritchie）らはそのアルゴリズムを改造し，インターフェイスを付加することで，人間とインタラクションできるシステムのなかに JAPE を導入する研究を行った[36]．

STANDUP と名づけられたそのシステムは，脳性麻痺によりコミュニケーションに障害のある子供たちに効果を発揮した．そうした子供にとって STANDUP は「バーチャルな遊び場」として機能し，ユーモア（謎々）を交えたインタラクションを通してユーザに新しい単語と表現を教えることで，ユーザの能力を高め，より積極的にインタラクションへ参加するよう促した．

評価実験に参加した脳性麻痺の子供たちからは，「システムとの触れ合いが楽しかった」，「システムがユーモアを使ったから面白かった」などといった好意的なコメントが得られた．つまり，ユーモアによってインタラクションがより円滑に行われ，ユーザの感情も改善されたと考えられる．

リッチーの STANDUP システムでは，ユーザはシステムとの自由な会話ではなく絵やキーボードを介したインタラクティブ・ソフトウェアを使ってやり取りを行った．より自由な対話ができるシステムの研究例としては，ハンス・ウィム・ティンホルト（Hans Wim Tinholt）とアントン・ナイホルト（Anton Nijholt）が，ユーモアのある「勘違い生成システム」を作成し，雑談システムへの導入を試みている[37]．ユーモアのある勘違いとは，文法の持つ曖昧さを生かしたジョークであ

る．たとえば，以下のユーザの発言を見てみよう．

- User: Did you know that the cops arrested the demonstrators because they were violent?

  ユーザ：「警察がデモの参加者を逮捕したって聞いた？　暴力的だったかららしいよ．」

に対して，ティンホルトらのシステムは以下のような勘違いしたふりをした応答を生成できる．

- System: The cops were violent? Or the demonstrators? :)

  システム：「どっちが暴力をふるったの？　警察？　それともデモの参加者かな？ :)」[†]

このシステムの評価実験では，筆者らがいくつかの人間どうしの会話の記録をシステムに分析させ，上記のような勘違い的な応答をどれだけ生成できるか調査した．その結果，アルゴリズム自体は上手にユーモア的な応答を生成できるが，日常会話においては，そのような応答を生成できる成功率があまり高くないことが明らかになった．そのため，ティンホルトらは，人間と日常的にインタラクションするチャットボットにこのシステムを導入しても，ユーザにとってのメリットは少ないとの結論にいたった．

ユーモアを使用するチャットボット開発の試みはアウゲロ（Augello）らによっても行われた[38]．彼らはユーモア生成システムではなく，あらかじめ用意したジョークのデータベースから最も適切なジョークを選択し，会話中に織り交ぜて発言する雑談システムを開発した．

まずユーザに「ジョークを聞きたいか」と質問し，聞きたい場合はさらに「何について聞きたい？」と聞く．そして，ユーザが選んだテーマに最も近いジョークをデータベースから抽出して言うという簡単な仕組みである．ただしこうしたジョークの言い方は，あくまでも西洋に特有のものである．

> **C**olumn　文化によるユーモアの言い方の違い
>
> 　西洋文化では，話し相手に「良いジョーク知っているが，聞きたい？」などと，予告してからユーモアを使うことが多い．一方，日本文化ではこのような言い方はあまり見られず，ユーモアを予告せず自然と会話のなかに入れることが多い．そのため，アウゲロらのアプ

[†] 最後の :) は英語圏でよく使われる顔文字．

ローチはそのままでは日本語に応用できない．

◆ 日本語におけるユーモア処理の研究

　前述した研究のすべては英語を対象に行われたものであるが，日本語においてもユーモアの生成が可能なシステムの開発が試みられている．

　日本語におけるユーモア処理の初の試みとなったのは，前述したビンステッドのJAPEの日本語版として開発された "BOKE" である[144]．JAPEと同様の技術を用いたこのシステムは，日本語の謎々を生成することができたが，JAPEと同じく人間とのインタラクションを行わず，単独で謎々を生成するものだった．また，人間による評価実験では，生成される謎々が多少不自然であるという結果が得られた．本家のJAPEはリッチーらによりSTANDUPシステムに導入されたが，BOKEはそうした実応用に発展しておらず，会話（インタラクション）のなかでシステムの機能を試すことができていない．そのため，BOKEはユーモアを対話に利用するシステムではなく，あくまでも遊びとしてジョーク生成をするシステムにとどまっている．

　NTTコミュニケーション科学研究所の松澤らが開発した「B級機関」[†1]という機械も，BOKEと同じく単独で駄洒落を生成するシステムである[145]．「駄洒落を永遠に吐き続ける」この機械は，登録された単語をコンピュータが組み合わせることによって以下のような駄洒落を生成し続けた[†2]．

- 猫をかブルースウィリス
- 好きこそもののジョニーデップ
- 憎まれっ子世にはばカルロスゴーン
- 一を聞いて十をシルベスタスタローン
- くさってもタイガーウッズ

　これらの例を見てもわかるように，出力にはまだまだ機械的なものが多い．それでも，「B級機関」は，その後のより自然かつ人間らしい駄洒落を生成することができるシステム開発への第一歩となった．なお，「B級機関」が面白いのは，これ

[†1]「B級機関」は名称自体も駄洒落的なもので，その由来は，「駄洒落を永久に吐き続ける」⇒「永久機関」⇒「A級機関」⇒「B級機関」だそうである．
[†2] 例は松澤らの論文[145, 146]から引用したものである．

がコンピュータプログラムとしてだけではなく，図 5.3 に示すような三角錐の形をした装置として実現された点である．

図 5.3 「B 級機関」（提供：松澤和光教授）[146]

日本語におけるユーモア生成のもう一つの試みは，筆者らの研究室で行われたヨーナス・シューベルグ（Jonas Sjöebergh）†らの研究である[147, 148]．

その成果の一つが，漫才生成システム[147]である．このシステムが生成した漫才コントを 2 台の小型ロボットに演じさせることで，「ロボット漫才」が実現した．

シューベルグらの漫才生成システムはいくつかのモジュールを使用し，漫才のシナリオを自動的に生成する．生成された漫才のシナリオ中には三つのユーモア的な発話が含まれていた．漫才生成システムに含まれるジョークは以下に示す三つの方法で生成された．

（1）ことわざジョーク
（2）謎々ジョーク
（3）データベースジョーク

（1）ことわざジョークモジュールは，既存のことわざの一部を駄洒落となるよ

---

† 筆者らの研究グループのメンバーであった．

うに言い換えるアルゴリズムである．また，（3）データベースジョークモジュールは，あらかじめ用意された駄洒落のデータベースから自動的に駄洒落を抽出するというもので，（1）や（2）と異なりユーモアを「生成」するというよりは「選択」をするものであった．漫才生成システムで生成されたジョークの例を以下に示す．

- ロボット A：「最近，姉妹は姉妹だけど，きちんとしていない姉妹が多くなっているらしいよ．」
- ロボット B：「それは，だらしまいね．」

（2）の謎々ジョークモジュールは，ビンステッドらの JAPE と BOKE と似た仕組みのアルゴリズムを使用し，クイズ形式の駄洒落（謎々）を生成する．以下にその例を示す．

- ロボット A：「ガイはガイだけど，多いガイはな〜んだ？」
- ロボット B：「何？」
- ロボット A：「圏外」

上記のユーモアの出力はシステムが生成した漫才コントの一部となり，ツッコミとボケの2台のロボットにそれらを演じさせた．人間による評価実験では，システムの出力もロボットの出演も「面白かった」，「良かった」との高い評価を受けている．図 5.4 に使用した漫才ロボットを示す[†]．

シューベルグらは後に，漫才生成システムで使用したことわざジョークモジュールのアルゴリズムを，ことわざだけでなくどのような入力に対しても言い換えが生成できるように改良し，それを雑談システムに導入した[148]．人間と自由に対話できるこのシステムは，不良語のデータベースを使用し，ユーザの発話に対し汚い言葉は言い換えて応答を生成することができた．さらに，駄洒落を生成できなかった場合，システムはあらかじめ用意した人間がつくったジョークのデータベースから一つを取り出し応答として使用した．人間による評価実験によって，このシステムの面白さが確認された[148]．

[†] この漫才ロボットは，吉本興業の主催するバカロボコンテストに出展し，優勝することはできなかったが，全国大会のファイナルの5チームまで残った．その詳細は［149］に書かれているので，興味のある方はこちらを読んでいただきたい．

図 5.4 シューベルグらの漫才ロボット[147]

このように，数は少ないながらも，日本語においてもユーモア生成の研究が行われている．その中には，BOKE や「B 級機関」のように単独でジョークを生成するものもあり，シューベルグらのシステムのように人間とインタラクションしながらユーモアを使用するものもあった．

しかし，ここまで紹介した研究に共通して欠けている視点の一つに，ユーモアのタイミングがある．5.2.2 項で述べたように，ここで言うタイミングとは，ユーモアを使っても良い状況と使ってはいけない状況を認識した上で使用することである．5.4 節で述べる筆者らの研究では，この問題の解決方法として，ユーザの感情状態によってユーモアの適切なタイミングを自動的に判断することができるアルゴリズムの提案を行った．

> **C**olumn 下ネタジョークについて
>
> この研究を始めてわかったことは，インターネット上に存在するジョークの約 8 割が下ネタのジョークであるということである．したがって，インターネット上の言語資源を利用してジョークを生成すると下ネタが多くなってしまう．これをどのように扱うかということについては，当時の研究グループ内でも意見が分かれた．下ネタジョークは，一言でも入っているとそれだけで面白いので，最初の試みとして生成するジョークとしては最適であるという人と，それは単語の面白さだけであり，学会等で発表する際にはセクシャルハラスメントになることもあり得るので，フィルタをかけて抑えるべきであるという意見である．当時の研究開発を主に行っていた研究者はスウェーデン人であったため，文化的な背景もあり，下ネタジョークに抵抗がなかったのかもしれない．しかし，国内会議での発表は日本文化のなかで行われるので，注意が必要であった．そこで，研究会の発表前に委員長に，発表して良いかどうか打診したところ，医学の世界では専門用語として使うこともあるので，そのまま

で良いのではないかということであった．しかし，それでもまったく何もフィルタをかけずに発表するのは気が引けたので，あまりにもひどい下ネタは例として出さないことにして発表を行った．発表した際に，笑ったのは外国人の参加者だけで，日本人はニコリともしなかったのが印象的であった．また，テレビ出演して駄洒落生成システムのデモを行ったことも何度かあるが，この際にはテレビ局側の要請で，厳重なフィルタをかけざるを得なかった．このため，駄洒落が生成できない場合が多くなるというデメリットが発生した．ユーモアの研究を行う場合，この下ネタの扱いが問題になることが多くやっかいである．

5.4 駄洒落生成システムと雑談システムへの応用

本節では，筆者らが行ってきた日本語におけるユーモア処理の研究について述べる[†1]．

5.4.1 Punda 駄洒落生成システム

本研究の目的は日本語の駄洒落を話す非タスク指向型対話システム[†2]の開発であった．そのためにまず駄洒落生成システムを開発し，それを対話システムへ導入した．

駄洒落生成システムを開発するには，まず駄洒落がどのような言語現象で，どのようにつくられているのかということを調査する必要があった．そのため，この研究の第一段階として，駄洒落の音声的な分類を行い，駄洒落の構造を研究した[150]．その結果，主な駄洒落の作成方法として 12 パターンを抽出することができた．これら 12 種類の駄洒落作成方法を，図 5.5 に示す．

これらをもとに[†3]，入力された文章に対して駄洒落の候補フレーズ[†4]を生成するシステムを構築し[151]，このシステムを"Punda"と名づけた．

次にインターネットで入力語と各候補との共起頻度をチェックし，共起頻度の高い順にそのリストを生成する．そのリストからパターンマッチングアルゴリズムを使用し，最も適切な駄洒落候補を選択する．システムの概要を図 5.6 に示す．

[†1] そのほとんどが北海道大学言語メディア学研究室で行われた．そして，筆者らは現在も絶えず人間らしいユーモア生成システムの開発を目指して研究を進めている．これからの方針と挑戦については 5.4.3 項で述べる．

[†2] 「非タスク指向型対話システム」を「雑談システム」や「チャットボット」とも言う．

[†3] 現在までの研究では図 5.5 に示すグループ 1〜4 のパターンをシステムに応用した．今後の研究では，その他のパターンを追加する予定である．

[†4] 駄洒落の作成に利用可能なフレーズ．

1. 同音（例：カエルが帰る）

2. 音の追加
    2.1 前に追加（例：スイカは安いか）
    2.2 後に追加（例：カバのかばん）
    2.3 中に挿入（例：布団が吹っ飛んだ）

3. 音の脱落
    3.1 後ろの音の脱落（例：スキーが好き）
    3.2 前の音の脱落（例：ステーキはすてき）

4. 音の変化
    4.1 子音の変化（例：目だまし時計）
    4.2 母音の変化（例：モナコのもなか）

5. 音の並べ替え
    （例：ダジャレをいうのはだれじゃ）

6. 漢字の読み替え
    （例：食王［ショッキング］）

7. 語の並べ替え（例：男を売る思い出［「思い出を売る男」というテレビドラマより］）

8. 混合（例：老いてはことをし損ずる）

9. 分離（例：ゆで卵をゆでたのは孫）

10. 謎々（例：はなしの話は？なし！）

11. 外国語と日本語の混合
    （例：戸部君，ハムレットが君に言ってるだろう，トベ・オル・ノットベ）

12. フレーズの同音
    （例：金をくれ！・金をくれた，飲む！）

図 5.5　駄洒落の音声的な分類

　この段階でPundaシステムの性能を評価した．実験では，人間がつくった駄洒落から取り出したベースフレーズを入力として用い，システムはこのベースフレーズに対する駄洒落候補を生成する．たとえば，「白菜は臭い」という人間がつくった駄洒落から「白菜」を取り出し，システムが生成した候補のリストに「は臭い」が含まれるかを確認する．このような方法により，200ベースフレーズのうち145がシステムが生成した候補のリスト中に含まれていることがわかった．つまり，システムは72.5％の割合で駄洒落として使用可能なフレーズを生成できることが確認された[152]．

　次に，上記の駄洒落候補生成アルゴリズムの雑談システムへの導入を行った．リアルタイムでユーザとインタラクションできるようにするため，システムの処理時間を大幅に短縮する必要があった．そのためアルゴリズムの簡略化を行った．

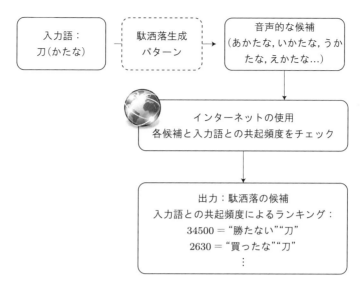

図 5.6　Punda 駄洒落生成システムの概要

さらに，生成した候補を文の形にするため，駄洒落でよく使用される文のテンプレートをいくつか用意した．なお，システムが駄洒落の生成に失敗した場合，あらかじめ作成したデータベースからジョークを一つ取り出しシステムの出力として使用した．

ここで，Punda システムを，同研究室で開発した"Modalin"[153]という非タスク指向型対話システムに導入した．Modalin は，ユーザの発話からキーワードを取り出し，インターネットからキーワードに対する関連語を抽出して，適切な応答文の生成を行うシステムである．Punda システムを導入した Modalin を "Pundalin" と呼ぶ．

この段階での目的は，ユーモアの使用によって人間と機械の間の会話の円滑さを改善できるかどうかを確認することであった．そのため，ここではタイミングの判断に関するアルゴリズムを使用せず，あらかじめ定めたタイミングでユーモアを使うという設定にした．具体的には，人間と普通に話すなかで，Pundalin システムは 3 ターン[†] おきに Modalin の代わりに Punda の機能を使って駄洒落を生成する．この動作の様子を図 5.7 に示す．

[†] 1 ターンとはユーザの発話とシステムの応答からなる一往復の対話を意味する．

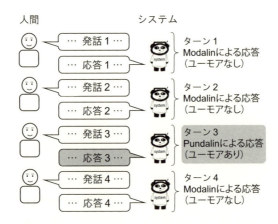

図 5.7 駄洒落生成システムを導入された雑談システム Pundalin の処理概要

Punda システムを使用した会話例を以下に示す．

- ユーザの発話：カエル大嫌い！
- ベースフレーズ：「カエル」
- 駄洒落候補：「使える」
- システムの応答：カエルと言えば使えるか？

評価実験開発したシステムに対して，以下の二つの評価実験を行った．

1. ユーザによる評価
2. 感情認知システムを使用した自動評価

一つ目の実験であるユーザによる評価では，13 人の被験者に Modalin（ユーモアなし）と Pundalin（ユーモアあり）の二つのシステムと自由に 10 ターンの対話をしてもらい，その直後に評価のためのアンケートを実施した．アンケートの質問を以下に示す．

1. 一般的な質問

    Modalin と Pundalin と，どちらが良かったと思いますか？

2. 各システムに関する質問

    1～5 ポイントスケールで回答（1：最もそう思わない，5：最もそう思った）

（A） このシステムと会話を続けたいと思いますか？
（B） このシステムが知識を持っていると感じましたか？
（C） このシステムは人間らしいと感じましたか？
（D） このシステムは話を面白くしようとしていると感じましたか？
（E） このシステムの話は面白いと感じましたか？

評価 1 の結果，13 人のユーザ中 11 人（84.6 %）が Pundalin の方が良かったと答えた．この結果を図 5.8 に示す．

さらに，評価 2 の結果，すべての質問において Pundalin の点数が Modalin の点数を上回った．この結果を図 5.9 に示す．これらの評価実験の結果からユーモアのセンスが備わっていない Modalin より，ジョークを言う Pundalin の方が人間ユーザに好まれることが明らかとなった．また，Pundalin の方が人間らしく，Modalin より知識を持っているように見られていた．さらに，「会話を続けたいですか？」という質問の結果もユーモアが備わったシステムである Pundalin の点数が高かった．

二つ目の実験では，感情認知システムを使用した自動評価を行った．第 3 章で紹介した ML-Ask（日本語の文章から感情を検出するシステム）を利用し，ユーザによる評価実験で獲得した人間とシステムの間の対話記録の感情分析を行った．この実験によって，Modalin と Pundalin の発話に対しユーザがどれほど感情的になったか，そしてどのような感情を示したかを確認することができた．その結果を図 5.10 と 5.11 に示す[154]．感情分析の結果，Pundalin の方がユーザを感情的にさせ，そのほとんどの感情がポジティブであったことが明らかとなった．つまり，ユーモアを使うシステムの方がユーザのインタラクションへの参加度を高め，ユーザの気分を改善できることが明らかになった．

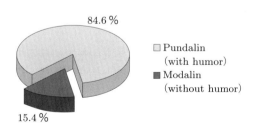

図 5.8　ユーザによる Pundalin の評価の結果 1：
「Modalin と Pundalin と，どちらが良かったと思いますか？」[151]

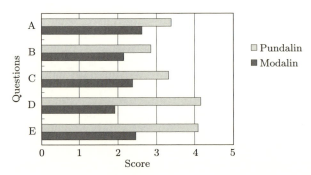

図 5.9　ユーザによる Pundalin の評価の結果 2：各システムに関する質問の平均点数 [154]

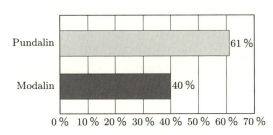

図 5.10　感情分析にもとづいた Pundalin の評価の結果：
Modalin と Pundalin に対するユーザの感情的な発話の割合 [154]

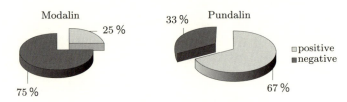

図 5.11　感情分析にもとづいた Pundalin の評価の結果：
ユーザの発話におけるネガティブとポジティブな感情の割合 [154]

5.4.2　MAS-Punda：相手の感情に応じたユーモアを使用できる雑談システム

　ここまで述べたように，筆者らが開発した人間との会話中に駄洒落を言うシステムは，ユーザによる評価実験においても自動感情認知による評価実験においても，ユーモアが備わっていないシステムより好ましいという結果が得られた．あくまで限定された状況での実証ではあるが，この研究方針の妥当性を示すものであると言えるだろう．

　とは言っても，Pundalin システムにもいくつかの課題があり，なかでも Pundalin が極端に不自然なタイミングで駄洒落を使用してしまうのは大きな問題である．そこで，会話の3ターンごとにではなく，より人間らしく，相手の状況に気を使いながらユーモアを使えるようにシステムを改善することが，次の段階の目標となった．

5.2.2 項で述べたように，ユーモアと感情は密接な関係にある．そして，ユーモアのタイミングを理解するとは，相手の感情状態によりユーモアを使うべきか否かを識別できるということである．この機能を実現するため，5.4.1 項で述べた評価実験で利用した ML-Ask 感情認知システムを用いて相手の発話をリアルタイムで分析し，その結果をもとに感情状態の認識を行った．

これまでの心理学の研究[155, 156, 157]の知見にもとづき，システムの応答を相手の感情認知に応じて以下のように設定した．

1. 相手の感情状態がネガティブな場合，それを改善するためシステムはユーモアを使う
2. 相手の感情状態がニュートラルな場合，ポジティブな感情を起させるためシステムはユーモアを使う
3. その他の場合はユーモアを使わず，普通の会話を続ける

さらに，5.4.1 項で述べた駄洒落を言う雑談システムにいくつかの改良を行った．まず，インターネットの使用によってときどき処理時間が長くなっていた Modalin を，言語メディア学研究室の高橋らによって開発された雑談システムである Maru-chan[158] と入れ替えた．これは Maru-chan も Modalin と同様 Web ベースの雑談システムであるが，インターネットの使用度が比較的少なく，処理時間が短いためリアルタイムのインタラクションに最適であると判断したためである．なお，Pundalin で使用した駄洒落生成パターンに「音の変換」という手法を追加し，駄洒落生成の可能性を広げた．さらに，システムの文の生成のテンプレートの増大も行った[159]．

そのうえで，ユーザの対話への参加度を調べるため，システムにもう一つの機能を導入した．それは，対話の 10 ターン後にシステムがユーザに「会話を続けたいですか？」と質問し，答えが「はい」の場合，さらに対話を 5 ターン行うという機能である[154]．

このようにして，対話を行っている人間の感情を認識したうえで，ユーモアを使用する雑談システムの開発を行った．その概要を図 5.12 に示す．

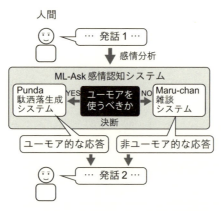

図 5.12　MAS-Punda のアルゴリズム概要

　図 5.12 に示すように，システムはまずユーザの発話の感情分析を行い，その結果によってユーモアを使用するか否かの決定を行う．ユーモアを使用する場合は駄洒落生成システム Punda によって，使用しない場合には雑談システム Maru-chan によって応答の生成を行う．

　こうしてできたシステムは，ML-Ask，Punda，Maru-chan という 3 モジュールから構成され，一種のマルチエージェントシステム（Multiagent System, MAS）であると言える．そこで，これを MAS-Punda と名づけた．以下に MAS-Punda とユーザの間の対話例の一部を示す．

- 入力文

    ユーザ：「寒いネタは受けが悪いものです．」

- 感情認知の結果：感情なし
- 感情状態：ニュートラル
- 決断：ユーモアを使う
- 応答生成：Punda システムを使用

    システム：「ネタと言えば妬みですね．」

    ユーザ：「笑．うまいことを言う人の才能には嫉妬します．」

◆ 評価実験

MAS-Punda のパフォーマンスを評価するために，5.4.1 項と同様以下の二つの実験を行った．

1. ユーザによる評価
2. 感情認知システムを使用した自動評価

一つ目の実験のユーザによる評価では，同様に 13 人の被験者に Maru-chan（ユーモアなし）と MAS-Punda の二つのシステムと自由に対話してもらい，その後，評価のためのアンケートを実施した．アンケートの質問を以下に示す．

1. 一般的な質問

    どのシステムと友達になりたいですか？

2. 各システムに関する質問

    1〜5 ポイントスケールで回答（1：最もそう思わない，5：最もそう思う）
    （A）このシステムの話は人間らしいと感じましたか？
    （B）このシステムは話を面白くしようとしていると感じましたか？
    （C）このシステムの話は面白いと感じましたか？
    （D）このシステムはあなたの気分を良くしようとしていたと感じましたか？
    （E）このシステムが適切な場面でユーモアを使っていたと感じましたか？

評価 1 の結果，13 人中 9 人（69.2％）が MAS-Punda の方と友達になりたいと答えた．この結果を図 5.13 に示す．

さらに，評価 2 の結果，すべての質問において MAS-Punda の点数が Maru-chan の点数を上回った．この結果を図 5.14 に示す．

つまり，ユーモアセンスが備わっていない Maru-chan より，MAS-Punda の方がユーザに好まれたことが明らかとなった．人間らしさの面においても，会話の面白さにおいてもユーモアが備わったシステムの方が上回ったのである．

さらに，MAS-Punda システムは適切な場面でユーモアを使い，相手を気持ち良くしようとしたことも明らかとなった．さらに会話の 10 ターン後に会話を続ける意志を示した人が，Maru-chan の場合の 2 人に対し MAS-Punda の場合では 5 人であった．

二つ目の実験である感情認知システムを使用した自動評価では，同様に ML-Ask システムで会話の記録を分析し，Maru-chan と MAS-Punda の発話に対しユーザ

がどれほど感情的になったか，そしてどのような感情を示したかについて分析を行った．その結果を図 5.15 と図 5.16 に示す．

感情分析の結果，MAS-Punda の方がユーザを感情的にさせ，そのほとんどの感情がポジティブであったことが確認された．さらに，今回の実験ではユーザの感情状態の変化の分析も行った．つまり，各システムと会話しながらユーザの気持ちがどのように変わっていったのかの調査を行った．「ネガティブ → ニュートラル → ポジティブ」という三段階の変化の順番を前提とし，ユーザの発話を以下の基準で分析し，その点数の計算を行った．

- 「ネガティブ → ニュートラル」の変化があった場合：＋1
- 「ネガティブ → ポジティブ」の変化があった場合：＋2
- 「ニュートラル → ポジティブ」の変化があった場合：＋1
- 「ニュートラル → ネガティブ」の変化があった場合：－1
- 「ポジティブ → ニュートラル」の変化があった場合：－1
- 「ポジティブ → ネガティブ」の変化があった場合：－2

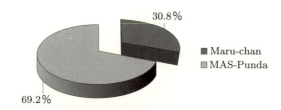

図 5.13　ユーザによる MAS-Punda の評価の結果 1：「どのシステムと友達になりたいですか」

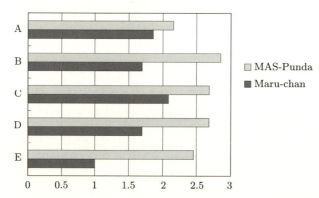

図 5.14　ユーザによる MAS-Punda の評価の結果 2：各システムに関する質問の平均点数

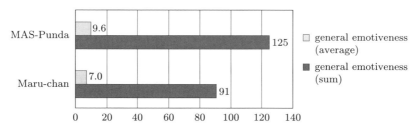

図 5.15 感情分析にもとづいた MAS-Punda の評価の結果：
Maru-chan と MAS-Punda に対するユーザの感情的な発話の平均点数と合計 [154]

このようにして各システムの全体的なスコアの計算を行った．その結果，図 5.17 で示したように，MAS-Punda の場合のユーザの気分の変化のほとんどがポジティブへの変化であった．つまり，このシステムは話し相手である人間の気持ちを改善できたと考えられる．

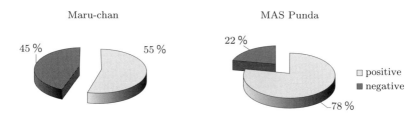

図 5.16 感情分析にもとづいた MAS-Punda の評価の結果：
ユーザの発話におけるネガティブとポジティブな感情の割合 [154]

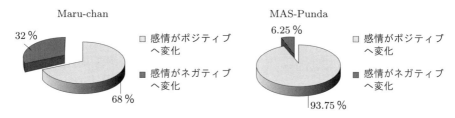

図 5.17 感情分析にもとづいた MAS-Punda の評価の結果：ユーザの発話における感情変化 [159]

さらに，ユーザがどのような感情状態で会話を終えたかを調査するために，会話中の最後に出現する感情の分析を行った．図 5.18 で示したように，MAS-Punda の場合で 84.6 % のユーザがポジティブな感情状態で会話を終えていた．なお，ネ

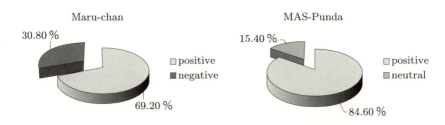

図 5.18 感情分析にもとづいた MAS-Punda の評価の結果：ユーザの発話における最後の感情[154]

ガティブな気分で会話を終えたユーザは一人もいなかった[159].

◆ まとめ

　以上のように，筆者は，ユーザの感情状態に合わせてユーモアを使う日本語を対象とした雑談システムの開発を行った．そして，ユーモアによって話し相手である人間の気分を改善できるのではないかという仮説を確かめるためにいくつかの評価実験を行った．その結果，ユーザによる主観評価ではユーモアなしのシステムより「面白い」「好ましい」「親しみやすい」「友達になりたい」などという良い評価結果が得られた．さらに，感情分析による自動評価では，ユーモアを使用したシステムの方が相手にポジティブな感情を起こさせ，会話への参加意欲も高まることが確認された．

　このように，本研究ではおおむね成功を収めており，人間らしいユーモアを使用するコンピュータ開発に向けた一歩を踏み出すことができたと言えそうである．とは言え，未だに人間のレベルには及ばないということも事実である．次項では，ユーモア処理という分野におけるこれからの方針および挑戦について考えてみたい．

5.4.3　ユーモア処理におけるこれからの方針・挑戦

　前項で述べたように，コンピュータによるユーモア処理には明るい未来があると言える．しかしながら，その未来にたどり着くにはまだまだ長い道を歩まねばならない．

◆ ユーモアセンスの個人差

　5.2.2 項ではユーモア処理の課題としてタイミングと個人差について述べた．そのうちのタイミングについては，MAS-Punda システムにおいて，相手の感情状態

に応じてユーモアを使用するアルゴリズムを試みた．しかし，ユーモアのタイミングと個人差は密接な関係にあり，その場面でユーモアを受け入れるかどうかは個人によって異なる．ネガティブな感情状態のときにジョークを言われて気分が改善される人もいれば，逆に怒る人もいる．また，タイミングのみならず，一般的なユーモアセンス，好まれるユーモアの種類等も個人差に依存する．したがって，ユーモアを使うコンピュータシステムには，その個人差も理解させる必要がある．とくに頻繁にインタラクションするユーザの好みやユーモアセンスの特徴を認識できるアルゴリズムを開発することが重要である．現時点ではまだこのようなシステムは実現していないが，図5.19のようなシステムを構想している[160]．

この提案では，人間とユーモアを使うシステムの間の会話記録をML-Ask感情認識システムによって分析し，その結果を各ユーザの「ユーモアセンスモデル」の生成に使用する．たとえば，ユーザAが悲しいときにジョークを言われ，それに対する反応がネガティブであった場合，ML-Askシステムがそれを認識し，「ユーザAは悲しいときにジョークを言われるのは好ましくない可能性がある」などのデータを記録する．こうして，会話を続ければ続けるほど，ユーザAに関するさまざまな詳しい統計的な情報が獲得され，詳細な個人モデルを自動的に生成できる

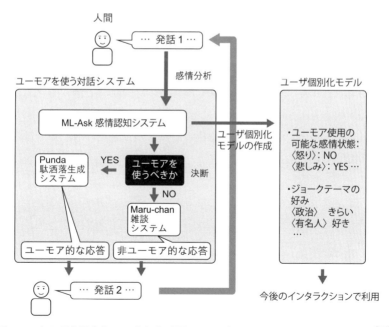

図5.19　システム個人化アルゴリズム概要：ユーザのユーモアセンスモデルの作成[160]

と期待される．

　このように，頻繁にインタラクションする人間を対象として，そのユーモアセンスを理解できるシステムの開発が可能であると考えられるが，今後このようなアルゴリズムを実際に開発しシステムに導入する予定である．

◆ 文脈適合

　文脈処理は自然言語処理において最も困難な分野の一つである．現在まで行われたユーモア処理の研究のなかでも，広い文脈を理解し，それに合わせてユーモアを使用するシステムは未だに開発されていない．しかしながら，人間が会話中でユーモアを使用するときは，自然に会話の文脈に適合するような形で使用されている．そのため，ユーモアの文脈処理技術の開発は，これからのユーモア処理において大きな挑戦の一つであると考えられる．

◆ 常識の問題

　ユーモアの構造に関する理論は数多く存在するが，そのなかの一つに「不適合論」(incongruity theory) がある．この理論によると，ユーモアは常識による期待が突然裏切られたときに生じるとされる[161]．会話のなかでの駄洒落にもこれは当てはまる．駄洒落（非常識的な発話）は，相手がまともな（常識的な）発話を予期しているからこそユーモアになるのである．さらに，駄洒落の内容自体にも常識からのずれを利用したものが多い．

　したがって，ユーモアを処理するためには，常識がわかるアルゴリズムが必要である．常識獲得も人工知能分野においてまた大きな課題の一つであるが，ユーモアと常識は密接に結びついている．常識獲得に関する筆者らの取り組みは第6章で述べる．

◆ その他のインタラクションレイヤー

　本章で紹介したのは，テキストにもとづいたユーモア生成のシステムのみであった．このようなシステムでは，ユーザはキーボードを打って発話し，システムもスクリーンに表示されるテキストの形で応答することで対話を行う．しかし，人間相手に自然なインタラクションを行うには，それだけで足りないのは言うまでもない．

　人間らしく，本当に人間に親しみやすいユーモア生成システムを開発するには，音声，またロボットの場合には顔の表情やジェスチャーとそれらに関わるユーモア

の特徴（声のイントネーション，手振り，笑い方等）も視野に入れなければならない．このような複数のレイヤーにまたがるインタラクションにおいてユーモアを使用できるシステムの開発は，今後大きな挑戦となるだろう．

5.5 まとめ

本章では，まずユーモアが人工知能に必要な理由を述べたうえで，ユーモアの特徴とその種類について説明した．次に，コンピュータによるユーモア処理の研究について，これまで開発されたシステムの概要を述べた．

それらの研究をもとに，新たに筆者らが開発した駄洒落生成システムの概要とその性能評価実験の結果について述べた．さらに，駄洒落生成システムを雑談システムに応用し，適切なユーモアの発話タイミングについての実験を行い，適切なタイミングでユーモアを生成する雑談システムの開発を行った．本章により，コンピュータによるユーモア処理について理解が深まることを期待している．

第6章

常識の獲得：常識がわかるコンピュータ

　本章では，常識の意味をまず検討し，それが人工知能にとって必要となる理由を議論する．そのうえで常識獲得研究の現状について述べる．最後に常識獲得について行った筆者らの研究を紹介する．

6.1 │ 常識獲得の意味とその必要性

6.1.1 「常識」とは何か

　コモンセンス（常識，用語については後述）は人工知能の聖杯（holy grail）であるとも言われる．それは，コンピュータにコモンセンスを持たせることができれば，いまの人工知能技術を「汎用人工知能」のレベルに移行させることが可能になると考えられるからである．

　人間は生まれながらにしてコモンセンスを形成する能力を持ち，それにより経験を集め，知識を獲得する．コモンセンスを形成する知識には客観的なものと主観的なものが混在しており，「正しいコモンセンス」というものは存在しないという側面がある．たとえば，昔の人間にとっては，地球の形状は平面状や円盤状であるというのが常識だった．それと同じく，現代人が当たり前だと思っていることも，後の時代から見たら勘違いをしているものも多々あるだろう．人間が自らの常識の間違いに気づくためにも，コンピュータが常識を持つことは役立つかもしれない．そのためにも，まずは人間レベルの知識を獲得させる必要がある．

　コモンセンスは日本語で「常識」と翻訳されることが多いが，図6.1に示すように言語によって少しずつニュアンスが異なる．しかし，どの言語圏においても，人工知能に持たせたい「常識」の内容は共通していると考えられる．そこで本章では，言語に依存しない「常識」という概念があると仮定しよう．なお以降では，物理的な知識などを含めた広い意味での常識を表す場合には，「コモンセンス」と呼ぶこととする．

(a）各言語におけるコモンセンスのニュアンス

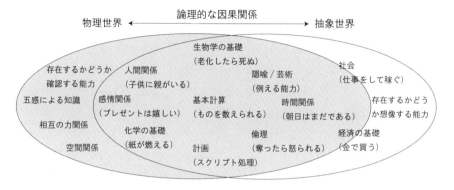

(b）コモンセンス処理に必要な知識と能力

図 6.1　コモンセンスの意味

Column　各国での「コモンセンス」

> コモンセンスを扱うことの難しさは，さまざまなレベルのものが存在するという点にある．「箱からおもちゃを出したら，もうその箱に入っていない」という抽象的で定義しにくいものから，「給料が下がると社員は不満を感じる」という具体的なものまで，コモンセンスには多様なものが含まれる．
>
> 日本語の「常識」は，「給料が下がると社員は不満を感じる」というレベルのコモンセンスを指すというニュアンスが強い．他の言語の直訳の例を見てみると，英語の common sense はギリシャ語の koinē aísthēsis（コイネー・アイステーシス）「共通の感覚」に由来しているが，「一般的な思慮」とも解釈できる．フランス語では bon sens「良識」，ポーランド語では「健全な判断力」になり，概念の広さとそれに伴う定義の定めにくさがわかる．コモンセンスは知識だけではなく，人間が当たり前だと思う行為や価値観，さらにはその行為や価値観を判断できる能力をも指している．

6.1.2　常識の必要性

人間が生きていくためには常識が必要であり，常識がないと他の人間とやりとりをすることが困難となる．そのため，人間と共存する人工知能にもまた常識が必要

となるだろう．また，自らの知恵を過信しがちな人間と違って，膨大なデータから自らの信念を検証することのできる人工知能だからこそ，常識を効果的に使える可能性がある．

広い意味での常識（コモンセンス）には，物理，化学，生物など自然科学にまつわる知識以外にも，文化，国家，社会，グループ，家庭などの各レベルの帰属グループによって異なるものも含まれる．宗教に顕著なように，異なる信念がすれ違いの原因となり，信頼関係を損なうことにつながることもある．しかし，インターネットと優れた機械翻訳を利用できる自然言語理解システムなら，さまざまな文化，グループ，年齢層ごとに分析することが可能となり，普段意識に上らない常識のずれなどを知ることができるようになるかもしれない．第4章でも触れたように，そうした役割を果たすことで，人工知能が人類の平和に貢献できる可能性がある．

常識を理解する人工知能の実現の第一歩として，コモンセンスの直訳である「共通感覚」に着目したい．文化や社会による違いがあっても，「見る」「聴く」等の感覚はすべての人類に共通している．そこで，筆者らは，五感（視覚，聴覚，味覚，嗅覚，触覚）と 3.5 節で述べた感情を利用し，世界の知識を獲得するシステムの構築に取り組んでいる（6.3節）．このシステムにはまた，第4章で述べた倫理的な判断能力を与えることもできる．

筆者らの考えでは，人工知能に組み込むプログラムは「常識を侵害しないでユーザを幸せにする」（always make user happy but never violate common sense）をモットーにすべきである．そのことによって来るべき超人工知能を友好的でない人工知能（unfriendly AI）ではなく，親しみやすい人工知能（friendly AI）にできると考えている．

6.1.3　フレーム問題と常識

既存の知識を収集して動作するシステムには，「フレーム問題による組み合わせ爆発」が起こることが知られている．

フレーム問題とは，どの情報を分析すべきかをあらかじめ与えていないために，タスクに不要な処理が増え，計算が重くなり，コンピュータが動作をしなくなるという問題である．たとえば，ユーザの「喉が渇いた」という発話を聞いたときのロボットを考えてみよう．このとき，「ジュースを飲みますか」と聞き，まっすぐ台所に向かって冷蔵庫から飲み物を持ってこられるのであれば良いのだが，喉の役割を調査したり，ジュースの売り上げとまわりの温度の関係を予測を始めたりしてし

まうかもしれない．このとき，ロボットはフレーム問題に直面している．タスクがはっきりしている場合にはフレーム問題が起きにくいが，高齢者の支援など，柔軟性が求められるタスクでは動作を特定しにくいため，常に問題となる．

こうした組み合わせ爆発は，常識によりある程度解決できることが期待できる．すなわち，依頼された行動についての常識を持っていれば，要素の重要性やタスクをこなすのに必要な条件の計算にかかる時間が削減できるだろう．

6.2 常識獲得研究の現状

6.2.1 サンプルデータの不足と獲得方法

人工知能の分野が生まれてから 60 年の間，常識を扱う研究は多く存在した．しかし，処理に必要なサンプル収集がボトルネックになり，機械学習の時代に入っても，学習のもとになるサンプルが不足しているのが現状である．これまで，そうしたサンプルの不足を補おうとするたくさんの試みがなされてきた．アプローチは大きく三つに分けられる．

（1）専門家による常識データベースを作成する方法

（2）オンラインで依頼して直接入力，あるいはオンラインゲーム化することでボランティアの入力を促し，データベースを作成する方法

（3）システムを用いて Web から知識を抽出する方法

（1）のアプローチの研究例としては，ダグラス・レナート（Douglus Lenat）によるCyc[18]がある．（2）のプロジェクトとしては，MITで誕生したOpen Mind Common-Sense（OMCS）が有名である．また，（3）の例としてはNELL（Never Ending Language Learner）[19]が挙げられる．

しかしながら，これらの試みのなかで真に成功したと言えるものはない．Cycは 30 年近く開発され続け，自動的に知識を増加するモジュールも導入されたが，未だに実用性が確認されていない．

OMCS の知識を利用した ConceptNet[†][20] が意見抽出（オピニオンマイニング）で成功している例があるが，ConceptNet ではサンプルの収集に一般的なユーザによる入力を利用したためたくさんのノイズ（ジョークなど，常識ではない知識）が

[†] Open Mind Common Sense（OMCS）というコモンセンスデータベースにもとづいたオントロジー（概念体系）．

含まれているという問題がある．筆者らも日本語版のサンプルの自動生成と自動調査の研究を行ったことがあるが，まだまだ問題が多かった．

ゲームを通じて知識を収集する方法†の最も大きな問題は，退屈によるユーザの減少である．イェンリン・クオ（郭彦伶，Yen-Ling Kuo）らが開発したバーチャルペットを育てるアプリケーション [21] が一時台湾で人気が出た例もあるが，このようなアプローチにも明らかな限界がある．

6.2.2 知識自動収集の試み

これらのことから，やはりユーザに頼らない知識収集の自動化が必要となるだろう．そうした研究の例としては，機械学習の分野で有名なカーネギーメロン大学のトム・ミッチェル（Tom Mitchell）のグループが開発した NELL がある．NELL は 5 千万種類の知識を自動抽出したとされる．しかし，それらは，「マイクロソフトは会社である」や「ジョージハリソンはギターを弾く」などの，「A は B である」の形式を持つ単純な概念のみであり，これらの集積がどこまで「日常的」な知識に近づくかには疑問が残る．

そこで，筆者らは，同様に知識の自動取得のアプローチをとりつつ，文脈を考慮したより深い推論や予測の実現を目指している．文脈によって命題の意味が変わるケースは多い．たとえば，単に「車が大きい」と言っても，実際にどれくらいのサイズの車を指しているかは，その状況，対話者の年齢，出身などによって異なるだろう．あるいは，「物体 A が物体 B にぶつかる」というとき，その効果は A と B が何かや，動作の場所によっても変わる．

プログラムが文脈を理解できれば，より正しく，かつ速い判断が可能となる．「どれだけの水を持っていくべきか」という問題において，場所が砂漠であれば，500ml だけのミネラルウォーターでは危険につながる可能性が高いが，東京の中心部にいるのであれば，十分な水分補給になる．容量の面では水筒や樽は大きい方が望ましいが，一方で移動する際には大きすぎると邪魔になる．そういった思考プロセスは，細かい if-then ルールを必要とするため，筆者らは現在そのルールの獲得を中心に研究を行っている．

図 6.2 は，if-then ルールが少なすぎるために，文脈処理が上手くいかなかった例である．6.3 節では，第 3 章と第 4 章で述べた感情処理と善悪判断処理のアプ

---

† 日本語の場合は「ナージャとなぞなぞ：ConceptNet [22]」という試みがある．

ローチを例として，コモンセンスの獲得の詳細について述べる．

図 **6.2**　環境と状況により文脈処理が必要な例

6.3 | インターネットからの知識の獲得とその文脈処理への応用

6.3.1　なぜインターネットから学ぶのか

　筆者らは，常識をコンピュータに持たせるために World Wide Web（以下，単に Web）を利用するアプローチをとっている．しかし最近まで，Web はでたらめな情報，暴言，アダルトな内容，プロパガンダなどを多く含む「巨大なゴミ箱」とみなされ，研究には使えないと考えられてきた．いまでも，人工知能研究には Web は有用ではないと考える研究者も少なくない．そこで，ここでなぜ筆者らが（常識に限らない）知識獲得の情報源として Web に着目しているかについて，あらためて触れておきたい．

　言語学と認知科学のバックグラウンドを持つ本章筆者（ジェプカ）は，帰納的学習による言語獲得の研究に魅力を感じて，本書の共著者である荒木教授の研究室の門を叩いた．当時は機械学習の汎用性に可能性を感じていたが，やがて，能動的学習の遅さと，限られた知識のみを利用しているためにシステムが狭い範囲でしか使えないことに不満を持つようになった．一方，人類に知られている最も賢いメカニズムとしての人間の脳に着目し，その機能を模倣するのは自然なアプローチだろうとも思えたが，進化のなかでその脳を育てた社会や，人間どうしの相互作用を考慮することが必要だと感じた．

　コンピュータを白紙状態から学習させるというアプローチは，科学的な人間の言語獲得能力の解明には有効であり，完全な言語理解システムの実現のアプローチとしては有効であるかもしれないし，意味のあるチャレンジだとも思う．しかし，人間は社会をつくり，知識を共有しながら爆発的に進歩しているので，すでに存在し

ている知識データベースを使わないのは，現実性に欠けると考えた．

　では，どこから知識を獲得するか．人工知能の父の一人とされるマッカーシーは，人工知能にとって普遍性（generality，すなわちコモンセンス）の不足が一番の問題[174]であることを主張しているが，彼の論理学的なアプローチがその問題の解決に近いとは考えられなかった．人間の幼児でも，その知識の膨大さとその柔軟性をコンピュータで再現することは非常に困難だからだ．一方，人間の思考の仕組みをモデル化して見せた，もう一人の人工知能の父ミンスキー[175]の考えは自分が求めている答えに近かったが，知識不足を解決するためのヒントは得られなかった．

　そこで筆者はWebに着目した．当時，言語メディア学研究室にはWebを研究に使用しているメンバーが少なく，普遍性のあまりない新聞コーパス以外の大きなテキストデータはほとんど存在しないという時代であった．そこで，Altavistaという検索エンジンを使用して2001年にテストを始め，1年後には認知アーキテクチャGENTAを提案して，その一部が，ある程度の一般性（usualness）と積極性（positiveness）を獲得できることを確認した[182]．

◆ 認知アーキテクチャGENTA

　GENTA（GENeral belief reTrieving Agent）は，大衆の知恵（Wisdom of Crowd[193]）を抽出し，思考と認知プロセスをシミュレートする認知アーキテクチャである．GENTAは，ミンスキーのアイディアに影響を受けており，Bacterium Lingualis（言語菌）[183]と名づけたWebクローラを使用して知識を集める．そして，集めた知識をもとに，知識記憶モジュール，感情処理モジュール，対話モジュール，倫理判断モジュールなどの互いの関係をモデル化する．そうした全体のアーキテクチャがGENTAである．

　筆者らがこの研究を進めていた数年間に，6.2節で述べたさまざまなプロジェクトの一部も始まり，ミンスキーの所属しているMITの研究室でも，一般的な人間の知識からコモンセンスを収集する試みが始まっていた．そのなかには，テキストデータを使用した収集プロセスの半自動化のプロジェクトもあった．筆者は，最終的にはこのMITの研究グループへ連絡をとり，この研究グループが作成したConceptNetの日本語環境を作成することになった[177]．これをきっかけとして，日本語のコモンセンスを収集する時代が始まった．

　インターネット上で知識を収集し共有するWebクローラ「言語菌」は，インターネットの普及に伴って，その後の「人々が共有している世界の一般的なイメー

ジ」を探求する研究の基本技術となった．「言語菌」の一般的有効性を示すために，常識以外にもさまざまな知識について研究を行った．たとえば，「感情的な反応」[184]，「一般的な日本人のイメージ」[179]，「一般的な感覚」[185]，「人間の一般的な行動パターン」[187] などの知識を獲得する手法の提案を行った．

> Column　人工知能の父：マッカーシーとミンスキー
>
> 　人工知能分野には二人の「父」が存在する．その一人がジョン・マッカーシー（John McCarthy, 1927 年 – 2011 年）である．彼は，アメリカの計算機科学者で認知科学者であり，初期の人工知能研究の第一人者である．
> 　もう一人の父は，マービン・ミンスキー（Marvin Minsky, 1927 年 – 2016 年）である．彼もまた，アメリカのコンピュータ科学者，認知科学者であり，MIT の人工知能研究所の創設者の一人でもある．
> 　80 年代には，マッカーシーの古き良き AI（Good Old-Fashioned AI: GOFAI）とアプローチを異にするニューラルネットのブームが起きた．また，最近はディープラーニングのブームが起きている．しかし，これらのある種「手品」のような側面のある機械学習の手法よりも，そのアルゴリズムが使用する「題材」をいかに自動獲得するかの方が重要ではないかと筆者は考えている．
> 　なお，ミンスキーとの個人的な思い出として，2003 年に国内の学会にて，ミンスキーの講演後に，GENTA のことを紹介したことがある．その際，強い口調で「ネット上に常識はないよ」と言われた．この出来事が，筆者の研究のモチベーションをさらに高めてくれた．数年後に再会したとき，そう言われたことを彼に話すと，「私はそんなことを言ったか？」と笑っていた．おそらくミンスキー自身，自分が言ったことに疑問を持ち始めていたのだと思う．

> Column　ELIZA と GENTA
>
> 　第 2 章で触れた対話システム ELIZA と GENTA を比較してみる．「タバコを吸いたくなった」というような入力に対して，「人工無能」として知られる ELIZA は，「あなたはなんで吸いたくなったと思いますか」と応答するが，GENTA は「それは健康に悪いよ」と答える．両方とも，どんな入力に対しても応答できるタイプのプログラムであるが，質問しかせず「情報を求め続ける」ELIZA よりも，「情報を提供」してくれたり，「情報を共有」してくれる GENTA の方が自然であり，「話し続けたい」という気持ちをユーザに抱かせる．
> 　GENTA を紹介する論文が人工知能分野のトップレベルの国際会議である IJCAI 2005（19th International Joint Conference on Artificial Intelligence）に採択され[178]，これをきっかけに GENTA の対話の自然さをさらに改善する研究に乗り出している．そこで，南カリフォルニア大学のダマシオ†の研究[14] など神経科学の知見も取り入れながら，コモンセンスと感情の

---

† アントニオ・R・ダマシオ（Antonio R. Damasio, 1944 年 -）は，著名な神経学者であり，「情動」の研究者として有名である．合理的な意思決定には「情動」と「感情」が不可欠であるという「ソマティック・マーカー仮説」を提唱している．

> 関係に注目して，コモンセンスと感情の両テーマの研究を同時に進めることにした．ミンスキーもまた感情の重要性に気づき，2007 年に "Emotion Machine"（邦訳：『脳の探検』）[176, 274] という本を出版している．ちなみに，ダマシオは脳の一部を損傷している人間の振る舞いから，人間の理性には感情が必要だということを発見した．これは理性と感情を分離するデカルトの二元論は誤りであることを示す重要な発見だと言える．

6.3.2 文脈処理へのチャレンジ

ある判断や行動がコモンセンスに適合しているかどうかは状況により異なる．それが，人工知能の分野が誕生してからいまにいたるまで，常識的知識の獲得が達成されていない要因の一つであることは第 4 章で述べた．これは，インターネットから常識を獲得するアプローチでも問題となる．

たとえば，ある「行動 A」が常識的な行動かどうかを知るには，その行動をとる人についての多くの記述が必要となる．行動 A について書いてあるブログを二つ見つけてきただけでは，それは「常識」とはみなせないだろう．しかし，インターネットからまったく同じ状況が抽出されることは稀であり，どのくらい類似した状況をどう結びつけ，評価として蓄積すべきかは難しい問題である．また，同じ状況についての記述が存在しても，それが十分に説明されていたり，評価されていたりすることは少なく，その行動の各ステップや行動の理由，起こり得る結果が詳しく記載されていることもほとんどない．

そこで，コンピュータの検索能力を利用して，パズルの足りないピースを他の行動パターンにより補完する必要がある．有名なレストラン・スクリプト[188]の例で考えてみよう．

レストラン・スクリプトとは，レストランに入って，スタッフの指示を待って，空いている席に案内されて座り，メニューから料理を選んで，ウェイターを呼んで注文するなどの手順である．シャンク（Schank）は，人間の行動は，このようなあらかじめパターン化された行動を定めた手順にもとづいて決まると考え，この「頭の中に存在する，一般的な手順が書いてあるマニュアル」をスクリプトと呼んだ．レストラン・スクリプトは，その一例である．

インターネットへ書き込みを行うブロガーは，普段と異なる出来事をシェアする傾向がある．レストランについてであれば，「注文をしたかったが，ウェイターがなかなか来なくてイライラし始めた」とか「テーブルに座ってメニューを見たが，好きそうなものが多すぎて困った」とか「食べた後でお金を払おうとしたら財布が

ないことに気づいた」というようなことである．これらの記述から，レストランでの典型的な行動のステップを表す情報の候補を取り出し，パターンを複数抽出することにより，ステップ間の関係を発見することが考えられる[168]．

たとえば「テーブルに座る」と「メニューを見る」で検索し，同じ文が出てくる場所をリストアップすると，「家」より「レストラン」の方が多いことが判明する．このことから，「メニュー」を見たりするのはレストランでなされる行動だとわかる．あるいは，ファストフード店にはウェイターがいないこともわかるだろう．こうした学習は，その都度検索を行って対処することも可能かもしれないが，あらかじめ知識をスクリプトにまとめておけば瞬時に判断することができる．

常識としてのスクリプトを獲得することは，ロボットにとって重要なことである．たとえば，ロボット掃除機ルンバに「お風呂を掃除して」と命令したときに，ルンバにスクリプト的知識があれば，「私には風呂を掃除することができないと思います」と応答できる．このように物理的世界のなかで自分ができることとできないことを区別できることは，その主体が「自我」を持つと言えるための必要条件でもあるだろう．

筆者らは，GENTAに文脈処理の機能を持たせるために，各行動の意味的なクラスタリング（意味分類）を行った．当時はオープンソースの日本語概念辞書（意味辞書）WordNet†などは存在していなかったため，再度Webの力を借りることにした．

上述したように，GENTAシステムでは，Webクローラ「言語菌」が新しい文を集めてくる．その際に，助詞と動詞のペアが一致するものをグループ化することによって，たとえば「札幌に来る」，「日本に来る」，「コンビニに来る」というフレーズが同一グループに入る．これにより，「札幌」，「日本」，「コンビニ」が意味的に近いのではないかという推測が可能となる．またこの方法は，単語間の類似度計算にも役に立つ[186]．

ここで問題となるのが，「頭に来る」などのイディオムである．たくさんの例を収集してから解釈を行わないと，こうした慣用句などをそのまま処理し，システム能が不自然な行動を起こしてしまう（図6.3）．対策として，さらにWebを使用したクロスチェックを行った[171]．たとえば「札幌」に頻繁に付随する「助詞・動詞

---

† ワードネット（WordNet）は英語の概念辞書（意味辞書）である．WordNetでは英単語がsynsetと呼ばれる同義語のグループに分類され，簡単な定義や，他の同義語のグループとの関係が記述されている．日本語版の開発も行われている．

ペア」の中には「に住む」,「に行く」,「にいる」などがあるが,それらに「頭」を
くっつけると,ほかに「頭」と共起している「頭に浮かぶ」や「頭に巻く」と比べ
てヒット数がぐんと落ちる.これにより,「頭」と「札幌」はかなり異なる単語で
あることがわかる.

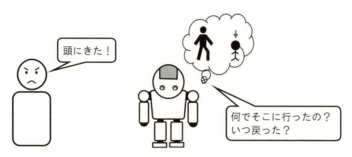

図 6.3 人工知能が不自然な行動を起こしてしまう例

現在は WordNet や Wikipedia[†1] のような構造化された知識データベースが簡単
に利用できるようになった.そこで,これらを使った比喩処理モジュールの開発も
始めた[166]が,ここでも Web クローラもあわせて活用している.Web はノイズ
をはらむ情報源ではあるが,欲しい情報が欠けていたり誤情報だったりするときに,
別の情報を持ってきて比較を行い,修正していけるという長所がある.

ノイズを少なくしながら知識を増大するためには,さまざまな工夫が必要である.
たとえば,IF 文(「したら」,「すれば」など)と行動パターン(「する前に」,「し
てから」,「した後」[169]など)を利用した方がノイズが少なくなる.この場合,知
識の量は少なくなるが,質を保つことができる.

> **Column　Modalin:モダリティを使用した対話システム**
>
> 筆者らの実験では,スピードを求めて Google 検索エンジンとそのスニペット[†2]だけを使
> 用した対話システムよりも,常識的知識とランダムに選択したモダリティ[†3]を使用した対話
> システムである Modalin の方が高い性能を示した.このことにより GENTA の対話能力の精
> 度が向上したことが証明された.さらに,感情モジュールとユーモアモジュールとの結合は
> さらに高い評価を得た(第 3 章および第 5 章を参照).
> モダリティを使用したモジュールを "Modalin" と名づけ,同じ名前の独立システムを構成

---

†1 ウィキメディア財団が運営しているインターネット百科事典.
†2 検索結果の数行の引用文.
†3 モダリティとは,話している内容に対する話し手の判断や感じ方を表す言語表現のことである.例とし
　て「もしかして……ではないか?」というような表現がある.

し実験を行った．その結果を紹介する論文は，筆者らのグループの一番良く引用されている論文の一つとなった[170]．

図 6.4 に Modalin の対話生成の仕組みを示す．Modalin と比べると，セラピストとしては役立つものの基本的に人工「無能」である ELIZA は，対話主導権を相手に渡している．しかし，ユーザは応答文が当たり前のことだとしても関連語を使用した「確認文」を好む傾向があるので，Modalin の方がユーザに好まれる傾向があった．

Modalin では，検索エンジンを用いた検索結果から一番頻度の高い単語†を統計的につくられた文法パターンに埋め込むことにより発話が生成される．日本語として不自然な組み合わせができたかどうか，もう一度検索を用いて確認を行う．すなわち，その表現が Web 上に存在していれば出力し，存在しなければ異なるパターンのテストを行う．なお，図 6.4 で品詞名を［　］で囲んでいるが，これは，文中の字面上の単語と区別するためである．

しかし，このシステムは賢い対話を行うことができるようになったとは言い難い．まだまだ知識が不足していて，一般性を表す文法的なパターン[163, 164]のアプローチ，オーグメンテッド・リアリティ（AR，拡張現実）による遊びを使用する手法[165]などの提案を行ったが，常に文脈処理の狭さが問題を起こしていた．現在その解決方法を倫理モジュールを改善しながらテストしている．詳細は 4.3 節で述べている．

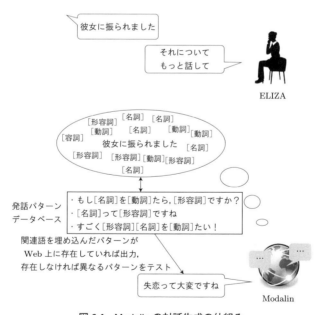

図 6.4　Modalin の対話生成の仕組み

---

† 名詞，動詞，形容詞に限定している．

6.3.3 考察と今後の課題

ここまで，簡単な自然言語処理ツールとあらかじめ準備した小さなリソースのみを利用してインターネットから常識を獲得するための，さまざまな手法の提案を行った．それらの手法の共通点をまとめると以下のとおりである．

- それまでに獲得された知識をもとに，ノイズとなる不要な知識を除外する．
- 集めた文から人間の行動や経験を見つけ出し，自然な出来事と珍しい出来事を多数決の原理で区別する．
- それまでに参照した経験は，知識ベースなどに保存し，他のモジュールやシステムが再利用できるようにする．

文脈の問題においては，探索する範囲を狭くすることが有効だと考えられる．タスクに応じて対象となる文脈に制約を設ければ，検索がより容易になる．たとえば，掃除ロボットに対して「掃除して」のように直接命令する代わりに，「汚い部屋だね」と発言するだけで掃除を開始させたいとする．このとき，ロボットが自分の課題が「掃除できるか判断して掃除を行うこと」だとわかっていれば，たとえばTwitterのつぶやきを分析し，「汚い」とはネガティブな状況であることから，掃除を開始する判断をすることができるだろう．

この例を見ると，将来はコモンセンスをわざわざデータベースに保存する必要がなく，そのつど制約された文脈のなかで検索すれば良いという可能性も見えてくる．このように，特定の文脈に制限して知識獲得を行うアプリケーションにも取り組んでおり，たとえば語学の人工チューター[173]や，ラジオ番組を自動的に生成するプログラム[191]などを開発中である．

なお，これら二つの例では，必要とされる知識はもはやコモンセンスにとどまらず，それぞれの分野のより深い知識をWebから抽出している．語学チューターのシステムでは，自動的にユーザの英語のレベルに合わせたり，例文をそのユーザが知っていそうな単語だけを使ったものでつくったりする．ユーザにとっては，語学チューターがWebからユーザの好みに合わせたネタを抽出してきて，それを対話に使うことで，語学の勉強がより楽しいものになることを目指している．ユーザにとっては，相手は機械なので間違えても恥ずかしくないというメリットもある．ラジオ番組を自動的に生成するプログラムRadioBotsでは，獲得したコモンセンスをもとに，ユーザが普段触れている情報の偏りを推測したり，逆の考え方を紹介する方法などを行うことによりユーザに新たな気づきを促す．これは，普段はカーネ

マンの言う「システム1」を使用しているユーザの「システム2」を刺激することに相当するかもしれない.

> **Column　カーネマンの「システム1」と「システム2」**
>
> 　ダニエル・カーネマンは文献 [194, 195] のなかで, ヒトの脳のなかには二つのシステム（システム1とシステム2）が存在していると述べている. システム1は「自動的に高速ではたらき, 努力はまったく不要か, 必要であってもわずかである. また, 自分の方からコントロールしている感覚は一切ない」とされる. 簡単に言えば, これは直感のようなもので, 瞬時にものごとを判断する際はこちらのシステムが作用している. これに対してシステム2は, 「複雑な計算など, 頭を使わなければできない困難な知的活動にしかるべき注意を割り当てる. システム2のはたらきは, 代理, 選択, 集中などの主観的経験と関連づけられることが多い」とされる. これは, 論理思考能力を備えているシステムであり, 人工知能研究者が従来から想定していたような合理性を司るシステムと考えても良い.

　世界中から知識を集め, 言わば「地球規模の脳」へと成長していくWebを利用することで, コンピュータは人間のコモンセンスを把握することができる. これは, 私たちが「何が一般的か」を判断する助けにもなるだろう. たとえば, 闘病ブログから薬の副作用を抽出するシステム[161, 172]により, 典型的な薬への体の反応のパターンを見つけることができれば, 従来の薬理学的な知見とはまた別の有用な知識となるかもしれない. この知見から, 逆に医学の論文に書かれている内容を疑い, 科学に見直しを迫る役割を果たすかもしれない.

　ただし, Webから何らかの知識が得られたときに, 何でもそのままユーザに提示して良いか, という問題がある. たわいのないユーザの「常識のずれ」を指摘するような場合であれば問題ないが, たとえば闘病ブログの解析の結果ユーザの寿命が少ないことが明らかになった場合はどうか. このとき, 伝えるべきかどうかは, ネガティブとポジティブの両面を分析し, 倫理的に正しい判断をしなければならない. これは, システムは物理的常識, 行動的常識, 感情的常識だけでなく倫理的常識も含む「コモンセンス」を同時に処理する必要性を示す例の一つである.

　常識獲得のもう一つの可能性は, あえて多様性を利用するというものである. これは俳句生成の研究[180, 192]で気づいたことだが, 知識を獲得するデータの違いによって, システムは微妙に違った常識を獲得する. それによって, 異なる経験と性格をもったGENTAが生まれる. こうした多様性は,「世界共通の常識」を見出す目的においてはノイズになるが, 新規な芸術を生み出すという目的においては, 積

極的に活かせるかもしれない．

　最後に，「心の実現」という大きな目標のなかで常識獲得をどう位置づけているかについて触れておこう．2015年の意識に関する国際会議にて，筆者らはWorld Simulator[181]と名づけたシステムの開発状況とその可能性について発表した．このシミュレーターは，将来，人工的な「自我」や「倫理感」が実現したかどうかの有無をテストする場として構想しているものである．コモンセンスは想像力の根本的な材料であるため，コモンセンスもこのシミュレーションのなかでテストすることになるだろう．こうした仮想世界を用意することにより，人工知能が機械学習などさまざまな方法で進化する過程をシミュレートする．これにより，獲得された知識が人間のコモンセンスに反するものでないかどうかを観察する方法の確立を目指している．

6.4 まとめ

　人工知能にとって，常識獲得とは人間と同等の能力を持つうえで必須のものである．常識獲得には，さまざまな方法があるが，筆者らはWeb上のリソースから多数が支持する情報を得るという方法によって実現しようとしている．

　常識にまつわる命題は，文脈によってまったく意味が変わる．そこで，今後の課題は，いかにして文脈を正確に取得し，文脈に即した常識を獲得するかである．

第 7 章

意識と自我：心を持つ人工知能に向けて

　ここまで言語（第2章），感情（第3章），倫理（第4章），ユーモア（第5章），常識（第6章）をコンピュータに持たせるための研究について述べてきた．これらの各要素は，人と心を交わす人工知能に必須のものと言えるだろう．しかし，本当の意味での「心らしさ」を実現するためには，意識と自我の獲得が不可欠である．そこで本章ではまず，なぜ意識や自我が必要なのかについて考察する．その後，意識について試みられてきたいくつかの研究を紹介する．最後に，コンピュータに自我を持たせる研究において，今後どのようなことが解決される必要があるのかについて考える．

7.1 人工知能の自我

　1.2節で述べたように，本書では，人工知能が心を持つということは「心を持っているように見えること」と同義であるという立場をとる．そのため，心の各要素として，言語，感情，倫理，ユーモア，常識を取り上げ，それらをコンピュータに持たせるための研究について述べてきた．しかしこれらだけでは，真の「心らしさ」は実現しないだろう．自分の意思で行動するための「自我」がどうしても必要となるだろう．

7.1.1　自我の必要性

　自分の意思で行動できるということは，人工知能が社会で活躍し，人間と共存していく上で非常に重要なことである．

　現在のコンピュータを考えてみるとわかりやすい．現存するコンピュータはすべてノイマン型[6]と呼ばれるもので，これは動作の手順をあらかじめプログラムとして内蔵することにより動作する．そのため，世界中のプログラマが日々膨大なプログラムの作成を行っており，その作業量は増える一方である．もしコンピュータが自我を持っていれば，自分で考え，処理や行動をすることができる．そうすれば，いちいちプログラミングをしなくても，人間に頼むように仕事を依頼することがで

きるだろう．これに近年急速に進化する音声認識の技術を組み合わせれば，口頭で簡単に仕事を依頼することも可能になるだろう．現在でも，Siriや「しゃべってコンシェル」のように，スマートフォンに対して音声で指示するだけでメールの送信やメモ帳への記入等を行う技術は実現されている．しかし，指示できるのはあくまでもあらかじめ想定された簡単な仕事だけである．簡単な雑談ができる技術もあるが，これも定型的なやりとりのみで，仕組みとしても，想定された発話に対する応答を記述したルールを使用しているだけである．

　こうした現存の人工知能システムに比べて，人間ははるかに複雑な仕事をこなすことができるが，その能力は多くの場合人間の持つ「自我」が可能にしているように思われる．以下のような応答例を考えてみよう．

- A1：この人参を乱切りにしておいて下さい．
- B1：乱切りってどうやって切ればいいんですか？
- A2：適当な大きさに切ることだよ．
- B2-1：わかりました．
- B2-2：何センチかける何センチに切れば良いですか？

　この対話例のB2-1とB2-2の違いが，コンピュータと人間の違いを示している．つまり，コンピュータは具体的に何センチかける何センチという形で大きさを指示されないと実行することができないのである．

　コンピュータ内で「適当」という言葉を「ランダムに数値を発生させること」と定義してあれば，乱切りを実行できるかもしれない．しかし，この場合もまた別のプログラムを書いたにすぎない．プログラマが自分の意思でそのような定義を与えなければ，コンピュータは自ら判断することはできない．

　一方，人工知能が自我を持つと，プログラマがあらかじめ乱切りの定義を与えていなくてもB2-1のような応答ができると期待できる．人間と同じように，人参を切る目的が肉じゃがをつくることであるのを正しく理解し，どんな大きさで切ればうまい具合に味が染みるのかなどを自分で考えて，乱切りをすることができるだろう[†]．

　日常生活の他の場面でも，人工知能には非常に多くの判断が求められる．人工知能を搭載したロボットがどのようなルートで移動するか，あるいは与えられた仕事

[†] もちろん，この場合には，多くの常識と言われる知識を使用している．そのためには，常識を獲得する必要があるが，ここでは常識があるものとして話を進めている．常識の獲得については，第6章で述べている．

について人の判断を仰ぐべきか自分で進めるべきかなど自分で判断しなければならないことは日々膨大な量である．人間は，このようなことを時々刻々自分の意思で判断しながら生活している．これらの膨大な判断のすべてをプログラマがあらかじめ与えておくということが考えられるが，いくら膨大な知識や判断基準を与えても，日常生活において未知の事象は頻繁に起こる．そのため，あらゆる事象に対して人間と同等の判断をするためには，自我を持ち自律的に判断する能力が必須となる．

7.1.2　機械学習のアプローチの限界

あらかじめプログラミングできることには限界がある．そこで，機械学習の手法を使うことが考えられる．とくに，最近ではディープラーニング（第1章参照）をはじめとするニューラルネットワークの研究が活発になっており，その精度は格段に向上している．しかし，これらの技術をもってしても解決できない問題がある．それはまったく未知の事象への対処である．ニューラルネットワークを含むどのような機械学習も，過去の事象を学習して応用するものなので，それまでに起こったことのないまったく未知の事象には対処できない．

なお最近，宇宙開発や軍事目的で自我の獲得が活発に研究されているのは，そのような事情によるものである．ディープラーニングなどの機械学習の手法を用いても，惑星探査ロボットや軍事用ロボットが遭遇する未知の地形やはじめての戦況にうまく対処することができない．なぜ人間は未知な状況でも比較的よく対処できるのかというと，自分の意思（自我）で状況を判断し，どのようにすれば良いかを考えて，決断することができるからである．自我があるとないとでは，この点が決定的に異なっている．したがって，人間並みの能力を持つためには，機械学習だけでは不十分であり，自我の獲得が必須だと考えられるのである．

7.1.3　自我と意識

ここで，自我と意識の関係について考えてみる．意識と自我は別のものなのか，一方があって他方がない状況が存在するのか，というのは難しい問題であり，統一見解はない．そこで，本書ではひとまず，自我を持つためには意識を持っていることが必要である，つまり自我は意識のサブカテゴリーであるという立場をとる．したがって，自我を持たせることができれば，必然的に人工知能は意識を備えることになる．次節では，まずは意識に着目し，意識とは何かをめぐってこれまで行われてきた生物学および工学における研究を見ていこう．

Column　意識は存在しない？

そもそも自我や自意識はすべて錯覚であり，したがって「心」そのものも実在しないと考えている研究者もいる[1, 2, 3]．人間は無意識下で行っている多くのことを，あたかも自分が意識して行ったかのように後から錯覚しているのだとする受動意識仮説の考え方もその一つである．このような考え方は，ロボットに実装する立場からすると受け入れやすく，そのため支持者も多い．しかし人間は，目の前にある対象を現実に存在するものとして認識できる，つまり，いわゆるクオリアを感じる能力を生まれながらにして持っている．このことは，誰もが知っている紛れもない事実である．ただし，クオリアすらも錯覚であるという言い方は可能であるし，あるいは映画「マトリックス」の世界のように，誰かが脳にクオリアの信号を送りこんでいるだけという可能性も否定できない．

しかし，仮に受動意識仮説が言うように心が錯覚の産物で，「マトリックス」の世界のように脳に信号を送られているだけであったとしても，ここでの議論にはそれほど関係がない．なぜなら，そうした錯覚ですら，いまのロボットは持てないということが問題だからである．受動意識仮説の立場をとるならば，本章の内容はいかにその精巧な「錯覚」を人工知能に持たせるか，ということになるだろう．

Column　自我を持たせて良いのか？——制限つきの自我

これまで何度か触れてきたが，人工知能が自我すなわち自分の意思を持ったときに，人間の望まないことをしてしまうのではないかという懸念がある．究極的には，人類を滅ぼしてしまうのではないかと恐れる人もいる．そうしたことを防ぐためには，人工知能が持つことになる自我は「制限つき」にしなければならないだろう．制限つきの自我とは，第4章でも述べたように，倫理回路なしには動作しない自我である．逆に言えば，倫理回路を外したら自我が消滅するような設計になっていなければならない．

しかし倫理回路のおかげで人類を滅ぼす心配がなくなったとしても，人工知能が自我を持つことによる弊害として，自分で判断する人工知能はユーザの望むような行動をしてくれないかもしれないという心配もある．そこはトレードオフと捉えるべきだろう．つまり，自分が望むことを正確にやってもらうために事前に膨大な手間をかけてプログラムを書いて人工知能に組み込むのか，あるいはやってほしいことを簡単に伝えるだけであとは人工知能の判断に任せ，たまに望まない結果が出るのを我慢するか．そのどちらを好むのかということである．

また，自我というと，人間の「エゴ」のようなイメージがあり，仕事を頼んでも「今日はやりたくない」などの気まぐれな応答をされて困るのではないかと思うかもしれない．これは第3章に述べた感情処理の問題で，人工知能が感情を持った方が良いのかどうかということに関係してくる．ここでいう自我というのは，いわゆる「エゴ」ではなく，むしろ日常行っている細かな判断を自分で行う能力のことである．ここで述べたようにこのような制限つきの自我は，人工知能を人間とうまく共存させるために必須のものだと言えるだろう．

7.2 意識研究

7.2.1 人工意識研究の現状

ここで，自我と密接な関係にある「意識」の研究の現状について見ておこう．これまでも述べてきたように，意識を生み出すメカニズムは未だにわかっていない．物理学者と脳科学者は人間の内面的な精神活動を説明するための，具体的な物理的プロセスを探している[116, 119]が，そのような試みは非常に困難であると主張[107]したり，あるいは問題自体が存在しないと主張[112]したりする哲学者もおり，幅広い討論が行われている．認知科学者やコンピュータ研究者もさまざまなアプローチから意識のモデルを提案しているが，実験的な評価が非常に難しく，実用にいたっていない．また，コンピュータ上でも意識が生まれるという意見[108]と，機械には意識を持てない[106]という意見が依然として並立している．バーナード・バース（Bernard Baars）[104]やイゴー・アレクサンダー（Igor Aleksander）[102]などは，機械が意識を持っていることを判定するためのいくつかの条件を提案している．

多くの研究者が意識の存在に不可欠とみなしている要素には，以下のようなものがある．

- アウェアネス（セルフアウェアネス，自己認識）　デイヴィッド・チャーマーズ[129]は，意識を「無意識」の逆の機能として定義した．すなわち，意識は，何らかの情報にアクセスし，その情報を行動のコントロールに利用できる状態である．たとえば，視覚情報をもとに「鏡に自分が映っている」ことや「Xが見えている」ことなどに気づき，それを言語で報告できること，あるいは，自分がある感情を持っていることに気づき，それを自然言語で表現すること．そうした気づき（アウェアネス）や自己認識（セルフアウェアネス）こそが意識であるという考え方である．

- 予測　現在の状況を評価しながら，一番適切な行動の「ドラフト（下書き）」を選択する機能．自分が提案した行動の結果を知り，第三者がそれに反応してとる行為を予想する能力も含まれる．

- 主観的経験，クオリア　意識に伴うクオリアをどう説明するかという問題は，「意識のハード・プロブレム」[108]と呼ばれ，計算主義的なアプローチには問題があるとされる．なぜなら，論理にもとづいて動作する機械には人間と同じ感覚を持てないと思われるからである．しかし，クオリアは外部から観察できない現象なので，

気にしない研究者もいる．ロボットにはロボットなりの特殊なクオリアが存在するかもしれないという意見[109]や，主観的経験があるように見えるロボットにはクオリアの存在を認めても良いのではないかという，チューリング的なアプローチ[120]もある．

- 学習　　機械学習の手法により，複雑で予測しにくい状況に柔軟に適応する能力．
- 自律性　　まわりの世界を理解し，外部の指示ではなく自分の判断によって行動する能力．
- 表現能力　　まわりの世界，自分の状況，自分の行動の理由などを自然言語で表現する能力．
- 行動性　　状態を把握し，思考を説明できたうえで，それを行動に移す能力．

その他，この研究分野で話題となっているのは，自由意思の必要性およびそれにもとづいた自己プログラミングである．ほとんど本能的（自動的）に動作するにもかかわらず意識を持っていると考えられる生物を引き合いに出し，人工知能に自由意思が本当に必要なのかという議論がある．倫理的な判断が不可能だというカントの影響を受けた考え方が一般的であるが，それがなくても「倫理計算」が行えるのではないかという説[117]もある．

> **Column　意識のハード・プロブレム**
>
> 脳そのものは物質および電気的・化学的反応の集合体である．そのような脳からどのようにして主観的な意識体験（現象意識，クオリア）が生まれるのかという問題を，意識のハード・プロブレム（hard problem of consciousness）と言う．これはオーストラリアの哲学者デイヴィッド・チャーマーズ（David John Chalmers）によって提起された．対となる概念として，脳における意識を伴う情報処理の物理的過程のみを扱う問題を，意識のイージー・プロブレム（easy problem of consciousness）と言う．

7.2.2　さまざまな意識研究

◆統合情報理論

意識と睡眠を研究しているアメリカの精神科医で神経科学者のジュリオ・トノーニ（Giulio Tononi）は，2004年に意識の統合情報理論[127]を発表している．この理論は，物質としてのクオリアがどのように生じるのかを，情報理論にもとづくモデルによって答えようとするものである．カリフォルニア工科大学教授である神経科学者クリストフ・コッホ（Christof Koch）は，その統合情報理論が意識を説明

できそうな唯一の有望な基礎理論だとみなし，トノーニと共同研究[128]を始めている．こうした動きは，人工知能の研究者に新たな希望を与えている．

> **C**olumn　ニューラルネットワークによる意識の実現および汎心論
> 　脳と同じような人工神経ネットワーク（ニューラルネットワーク）を構築すれば，人間と同じように意識が生まれると信じている科学者は少なくない．しかし，実は「意識」とは何かがまだはっきりしていないので，この方法が正しいのかどうかもわからない．ジョン・サール（John Rogers Searle）[†1]のように「消化と同じ生物学的なプロセス」であるという人もいれば，あらゆるものが心的な性質を持つという汎心論（panpsychism）の考え方もある．意識の統合情報理論は，どちらかというとこの汎心論に近い考え方であるとされる．

◆ 意識を持つシステムの実現例

　情報統合理論のようなものが出てきているとは言え，それを実際にシステムに導入して工学的に意識を実現する試みはほとんどない．数少ない研究例の一つとして，日本の人工意識分野の研究の先駆者である武野純一教授[†2]によるロボットの自己認識の研究[130]がある．これは，鏡に映った自分自身と別のロボットとを区別できるロボットの開発を行う研究であり，さまざまなモジュールを接続することで，気持ちと感情とその理由の間の関係を数式として表現することができる．このシステムはまた，記憶を探って感情的なエピソードを参照し，不愉快な行動の再発を防止できるとも言う．これにより，武野教授は人工意識システムを構築したと主張した．

　海外でもいくつかの研究がなされている．とくに「認知アーキテクチャ」の構築を目指す研究者の間では，人工意識は良く取り上げられているテーマである．認知アーキテクチャとは，人間の心をエミュレートするシステムであり，記憶，感情，思考などについての認知科学理論をコンピュータプログラムでテストする目的で研究されている．

　たとえばノキア社（フィンランドのIT系メーカー）のペンティ・ハイコネン（Pentti Haikonen）は，ルールベースのシステムは意識を持てないと主張している．これは，「人間の脳は計算機ではない」というサールによる考え方と同じ[123]である．そこで，彼は感覚，心的イメージ，心的モノローグ，痛み，楽しみなどの

[†1] ジョン・サール（1932年-）は，言語哲学および心の哲学を専門とする哲学者である．カリフォルニア大学バークレー校教授である．
[†2] 武野純一（1950年-）は，明治大学の教授である．

さまざまなプロセスをボトムアップに処理する認知アーキテクチャを提案している．そうした認知的な機能を再現することで，人工ニューロンにはやがて自然に意識が誕生するはずだという立場をとっている．このように意識が自発的に発生すると考えている研究者は少なくなく[110, 114]，ほかにもマリー・シャナハン（Murray Shanahan）の認知アーキテクチャがある．これは，意識の理論の一つであるバース（Bernard J. Baars）[†1]のグローバルワークスペース説[105]からヒントを得たもので，グローバルワークスペースとシステムの内的なシミュレーションを接続することで意識の実現を目指すシステムである[124]．

> **C**olumn　グローバルワークスペース説
>
> 　この説を説明するには「劇場の比喩」がよく用いられる．意識は劇場であり，選択的なスポットライトがステージのある場所を照らしている．その照らされている場所と動いている役者がお互いに会話や行動を行い，闇から見つめている観客が無意識である．ステージの裏では，同じ闇のなかに演出家（主幹プロセス），アシスタント，台本作家，ステージデザイナーがいる．彼らは照らされている場所を決める役割を担うが，目に見えない存在である．

　メンフィス大学のフランクリン（Stan Franklin）[†2]は，このグローバルワークスペース説で定義された意識の機能の一部を備えた場合に，システムは機能的意識を持っていると定義し，IDA（Intelligent Distribution Agent）という自律エージェントの構築を行った[113]．このシステムの目的は，勤務を終えたアメリカ海軍の船員の個人的なスキルと嗜好を分析し，海軍の人事システムを円滑化することであった．データベースを参照しながら船員と自然言語でメールを用いて，やりとりを行うことにより，IDA は 90 の政策に従いながらアメリカ海軍のニーズを満足させなければならなかった．このシステムはコードレット（Codelet）[†3]を中心とした 25 万行の Java のプログラムからなる．

　IDA のトップダウンのアーキテクチャでは，高レベルの認知プロセスがモデル化されている．船員の間でも「人間とやりとりをしているみたいだ」という意見が多く，フランクリンの主張どおり「機能的な意識」を持っているのではないかと注目された．ただし，フランクリン自身はこれを自然現象が生み出す意識とは明確に

[†1] バーナード・バース（1946 年 -）は，アメリカの神経科学研究所の研究者である．
[†2] スタン・フランクリン（1931 年 -）は，アメリカのメンフィス大学の教授である．
[†3] コードの小さい断片を運ぶ役割を担うプログラム内の小さなエージェント．それぞれが独立して動き，さまざまなはたらきをする．

区別している．

　サン・マイクロシステムズ[†]のグループに所属する認知科学者らが開発したCLARION[125]は，人の精神の根本的な構造を調査するための認知アーキテクチャである．CLARIONではボトムアップの学習が重視されていて，暗黙的および明示的な認識のインタラクションを探究することを目指している．このシステムはまず暗黙知を取得し，それにもとづいて明示的な知識を取得していく．

　サン・マイクロシステムズのプロジェクトは，多くのアイディアを統合し，認識の首尾一貫したモデルの構築を目指していた．これは，さまざまな認知プロセスデータを統合的に説明するための認知アーキテクチャだと言える．人工知能をつくるというよりは，人間の心理的なメカニズム（感覚から学習までの幅広いレベルの認知）を分析するためのツールとしての側面が強いプロジェクトではあるが，意識を持ったシステムをデザインするにあたって有力なヒントにつながると考えられる．

　そのほかにも，意識を持った（あるいは持っているような）人工知能を目指している研究者がいる．たとえば汎用人工知能分野で有名なノバメンテ社のベン・ゲーツェル（Ben Goertzel）のOpenCogというシステムがある．これは遊びを通して英語の指示を学習することができる擬人化エージェント（バーチャルペット）[115]であり，オープンソースとして公開されている．現在，香港理工大学で実際のロボットを用いた実験が行われている．

> **C**olumn　宇宙派と地球派
>
> 　ヒューゴ・デ・ガリス（Hugo de Garis）は21世紀後半にはコンピュータの知能が人間の1兆倍の1兆倍になると言う．そのようなコンピュータを彼はゴッド・ライク・マシンと呼ぶ．ゴッド・ライク・マシンから見ると人類は害虫のような存在であり，マシンによって滅ぼされてしまうかもしれない．そこでゴッド・ライク・マシンをつくることに賛成する人間を宇宙派，人類の存続を第一とする人たちを地球派と呼び，21世紀後半には人類の存続をかけた大戦争が起きると予言している．宇宙派という言い方は，ゴット・ライク・マシンのようなものは，もはや人類の能力を超える新しい種であり，最も能力の高い存在が地球の覇権を握るのは，これまで人類が行ってきたことであり，当然の結末であるという考え方である．つまり，宇宙全体から見た場合に人類もまた一つの種にすぎないという意味で宇宙派と呼ばれている．

　ニューラルネットワークを応用した研究には，ステファン・ターレル（Stephen

[†] コンピュータの製造・ソフトウェア開発・ITサービス企業．2010年にオラクルにより吸収合併された．

L. Thaler）が意識と想像力を結ぶ "Creativity Machine" というシステムを提案し，特許を取得している．そのなかではたらいている評価エージェント（computational critics）は，シナプス[†1]のノイズをニューラルネットに注入する．それにより間違った記憶やつくり話を生じさせ，新しいアイディアを作成するメカニズムとして提案されている．

　ターレルは同じ現象が人間の神経の間でも起こると主張し，これが意識の主観的な要素につながると考えている[126]．ターレルの理論が提唱されると，ニューラルネットワークがアメリカの心理学者のウィリアム・ジェイムズ（William James）[†2] が1918年に定義した「意識の流れ」[118]と結びついて，次々と似たような特許の申請がなされたが，それらが正しいアプローチかどうかを判断することは難しい．

◆ 筆者らの立場

　筆者らは，人工知能の意識を人間と同じ仕組みにしなくて良いという立場をとり，グローバルな「共通意識」（common consciousness）の提案を行った[120]．このアイディアは，これまでのヒューマンセントリック[†3]なアプローチと異なり，体外の経験に重きを置くアプローチである．共通の物理世界を共有する人間の間のネットワークが意識を育てるという仮定のもと，そのプロセスをエミュレートすれば機械が自分自身を認識し，そのうえで自分自身が人間世界でどのような位置にいるかを知る必要があると考えている[121, 122]．このような考え方は人工知能の安全性を高めることを目的としており，倫理と深く関係するため第4章で詳細に述べた．

7.3 意識・自我の実現方法

　本章の最後の節では，人工知能に意識や自我を持たせるために今後どのように研究を進めていけば良いか，筆者らの考えをまとめておこう．

7.3.1 意識・自我があることの証明方法

　まず，人工知能が進化した末に，どのような状態になれば「意識・自我」を持っ

[†1] 神経細胞間に形成される接合部位．
[†2] ウィリアム・ジェームズ（1842年 - 1910年）は，アメリカの哲学者・心理学者．意識の流れの理論を提唱した．
[†3] ヒューマンセントリックとは，人間が中心に立つ，人間が中枢に位置する，人間主体といった意味の英語である．

ていると言えるのか，つまり意識・自我をどのように判定すれば良いのかについて考えてみよう．

繰り返しになるが，本書は意識や自我の存在を，チューリングテストの意味で捉えている．すなわち，「意識・自我があるように見える」ことと「意識・自我がある」ことを区別しない立場である．

しかし，「意識・自我があるように見える」という言い方だけでは曖昧で，主観的な評価になってしまうため，明確な基準がほしいところである．そこで，ここでは自己認識と鏡像認知を自我のテストとすることを提案したい．

まず，「意識・自我とは自己認識を持つことである」という仮定をしたい．自己認識とは「自分が自分であることをわかっている」ということである．人間は，「あなたは誰ですか？」と聞かれて「私は人間です．」と答えることができる．ロボットもまた「あなたは誰ですか？」と聞かれて，「私はロボットです．」と答えられなければならないだろう．

一見，このように答える対話システムを作成することは極めて簡単である．「あなたは誰ですか？」と聞かれたら「私はロボットです」と答えるような if-then ルールをプログラムすれば良いだけだからである．しかし私たちがここで目指しているのは，このように応答する手順をあらかじめ与えられたシステムではなく，7.3.2 項，7.3.3 項で説明するような能力だけ持ったシステムが，知識が何もない状態からインターネット上の情報やユーザとの対話から学習，成長し，「あなたは誰ですか？」と聞かれて「私はロボットです」と答えられるようになるシステムの開発である．

このようなシステムを実現することは，予想以上に難しい．学習がそのような方向に進むとは限らないからである．人工知能も人間の赤ちゃんと同じように，実際に生活していくなかで次第に第三者からの視点，すなわち客観的な視点を獲得し，その結果として，「私はロボットです」と答えられるようになる必要がある．

もう一つ，鏡像認知というアイディアがある．これは，鏡に映った自分を見て自分であることを認識する能力である．自我を持つシステムは，この鏡像認知ができるはずである．これもプログラム的に実現するのは簡単である．人工知能が搭載されているコンピュータやロボットのさまざまな画像に対して，鏡に映った自身の画像に対して左右反転を行ったうえで画像の類似度を計算し，ある閾値を超えた場合に「それは私です」と答えるようにすれば良いだけである．しかし，知識を与えない状態から学習し，成長した上で鏡像認知ができるようにするのは難しい．そもそ

も人間の赤ちゃんはどの時点で鏡像認知ができるようになり，どのようにしてその能力を獲得するのかが明らかになっていないからである．幼児はある年齢まで，第三者からの視点でものごとを考えることができない．たとえば，「自分が悪いことをしたらお母さんが悲しい気持ちになる」などのように，相手の気持ちに立ってその視点から考えることができない．そのような状態から，客観視ができる状態に成長するメカニズムについては明らかになっていない．

このように自己認識も鏡像認知も，プログラム的に人手で与えるのは簡単でも，学習能力のみから成長し，そのような状態まで成長させることは難しい．しかし，それらが実現したとき，人工知能に意識や自我が芽生えたと言っても良いのではないだろうか．

このような意識・自我の判定基準をクリアするためには，筆者の見解では，以下の「能動的学習」と「メタ学習」という二つの機能を実現することが必要となる．

7.3.2 能動的学習とは

意識を工学的に実現する方法としては，第1章でも述べたように大きく分けるとニューラルネットによって脳の構造をハード的にコンピュータ上に実現しようとする方法，脳内で起きている生物学的な現象を化学反応レベルで人工的に再現する方法，脳内をさまざまな機能に分けてそれぞれ工学的に実現する方法の三つがある．筆者らは，意識・自我を実現するためのアプローチとして，三つ目の方法を有望視している．つまり，言語野，運動野などの脳内の機能区分のそれぞれを工学的に実現するというアプローチである．そのなかでも，今後とくに注目すべきなのは，「能動的学習」と「メタ学習」という脳の機能だろう．

能動的学習とは，システムが自ら知らないことを自覚し，質問や調査をすることで知識を獲得していく能力である．知識は，人間に尋ねるのでもWebから得るのでも良い．重要なのは，適切な質問を生成するメカニズムを考えることである．適切な質問さえ生成できれば，その回答を知識として埋め込むのは容易である．しかし，質問をするためには，質問の目的が必要となる．システムが目的を持って質問をするためには，システム自身が「存在する目的」を持っている必要があるだろう．それは「本能」と言い換えてもいいかもしれない．そう考えると，能動的学習ができるシステムを実現するには，作成目的，存在意義というものをまず定めなければならない．そのようなシステムを実現する必要はどこにあるのであろうか？　本書で何回も述べてきたように，「心を持つ人工知能」をつくる目的とは，コンピュー

タにすべてをプログラムすることの限界を超えるためである．人間のように自ら考え，自らの意思で動き，学習し，成長するシステムをつくることである．

では，そのためにはシステムにどのような目的を持たせるべきなのだろうか．人間が持つような「生存本能」も重要な候補となるであろう．

そのためには，意識・自我を持つシステムの作成目的，存在意義というものをまず定めなければならない．一体，なぜ人工的に意識や自我を持つシステムを実現する必要があるのであろうか？

それは，現在のようにすべてのコンピュータがプログラムを通して，システムの開発者の意思のもとで動くということによって起こるさまざまな限界を超えるためである．このような自発的な意思のない状態のシステムは，システム開発者の能力を質的に超えることができない．また，そうしたシステムに指示を与える労力は，行う仕事が大きなものになればなるほど，膨大なものになる．機械学習を用いると明示的にプログラムで手順を指示する必要はなくなるが，第1章でも述べたように機械学習は，過去の事例を学習することにより動作するものなので，これまで起きた事象，事例に類似したものには対処できるが，これまで起こったことのないまったく未知の事象，事例には対処することができない．

なお，生存本能を持つシステムの研究は，これまで人工生命と呼ばれる分野で行われてきた．しかし人工生命はあくまで，エージェントが仮想の世界で生活し成長するさまを扱ってきた．今後は，これを一歩進めて，物理的に実在するロボットを実世界で学習させることを考えるべきだろう．筆者らの研究も，究極的には，人間が生活を送る上で必要となるさまざまな知識を能動的に学習し，成長をするロボットの実現を目指している．

7.3.3 メタ学習とは

メタ学習とは，学習する機能を学習するシステムのことである．「どのようにすれば学習できるのか」を考える機能と言っても良い．メタ学習ができるシステムは，再帰的な能力を持っているので，理論的には無制限に成長することができる．

仮想空間のなかで，事例に応じて適切な仮説を獲得する普通の学習をベース学習と言う．それに対し，その上位で学習対象のタスクやドメインに応じて，学習器のバイアスを決定するためのメタ知識を獲得するのがメタ学習である．メタ学習は，これまで仮想空間のなかで仮想の事例を対象として研究が行われてきたが，ここで筆者らが実現しようとしているのは，人間が行っているような実際の世界で行われ

ているメタ学習である．

　たとえば，数学の勉強をしている学生は，数学の勉強をするのに，どのような学習方法が良いかを，人に教えられたり，自分で考えたりしながら最適な学習方法を編み出していく．たとえば最初は基本公式等を教科書で勉強し，次に参考書で演習問題を解いて理解を深めていく，などというようにである．

　では，人工知能がメタ学習の機能を持つとは，どのような状態を指すのであろうか？　人工知能にもまた，新しい課題に対してその学習方法を獲得させたい．人工知能は，このような学習方法をどのようにして獲得したら良いのであろうか？

　もちろん，教師役の人間が学習方法を教えるということもできる．そのような方法が存在することもまた事実であるので，そこから学習しても良い．つまり，教示学習的に学習方法を学んでいく方法である．

　しかし，人間が学習方法を学ぶ方法はそれだけではなく，自発的に学習方法を開発していく．ある人はわざと先に未知の問題を解くことを試み，そこから必要な知識を獲得していくというアプローチをとるかもしれない．また，ある人は逆に基本的な公式を何度も繰り返し解くことでそれらの公式に対する理解を深め，未知の問題に対してその問題を解く能力を磨くかもしれない．このようなさまざまな工夫や新たな学習方法を開発するメカニズムとは，どのような能力なのであろうか？　一つは，オリジナリティ，独創力といったものである．独創力は，ひらめきや直感と言われている．しかし，過去の経験や知識から独立した完全なひらめきや直感などというものは少なく，ほとんどは，それまでに存在していたものとの関連性のなかで，それらをヒントとして生まれたものである．

　そこで，メタ学習を実現する仕組みとしては，それまでに行われたさまざまな学習方法をきっかけとし，それらをさまざまに試すなかで，最も成長速度が大きくなるものを選び出すという方法が考えられる．その上で，さらに，複数の方法を組み合わせたり，一部を変形させたりしながら，学習方法を順次成長させるというアプローチが可能だろう．

　これを実現するための具体的な学習方法としては，遺伝的アルゴリズムや遺伝的プログラミングにもとづく方法が有効かもしれないと考えている．

7.3.4　能動的学習とメタ学習で意識や自我は実現するのか？

　メタ学習と能動的学習を組み合わせれば，原理的にはシステムはどこまでも成長する．今後，そうした研究はますます進められていくだろう．

能動的学習を可能にする要素としては，インターネットの存在が大きい．現在はほとんどのシステムが Web とつながっており，コンピュータに可読の知識源がほぼ無制限に手に入る．人間が口頭で話した内容など文章化されていないものを除けば，ほぼすべてがインターネット上に存在していると言っても過言ではない．知識源については，人間と比べて人工知能に不利な点はないと言え，むしろ，人間が文字を読んだり話を聞いたりするスピードをはるかに凌ぐ人工知能は圧倒的に有利だと言える．

しかし，まだ大きな問題が残っている．それは人工知能が人間と同等の完全な言語理解や完全な画像理解ができないということである．この点が解決されれば，量ばかりではなく質的にも人間を凌ぐ知識を手に入れることができる．第 1 章で述べたように，完全な理解を実現するためには，理解の主体となる意識や自我が必要であり，意識や自我を実現するためには，完全な理解が必要であるということになると，これはお互いがお互いを必要としていることになり，矛盾してしまう．この点については，どちらかが一方的に先に実現されるというものではなく，理解のレベルが高まると知識が増え，意識・自我の実現に近づき，意識・自我の実現が進むとさらに理解のレベルが上がるというように相互に影響を及ぼし合いながら徐々に研究が進んでいくものと考えられる．

メタ学習に関しても，人工知能はスピードの点で有利である．コンピュータは人間のように疲れたり眠ったり，飽きたりすることがないので，24 時間 365 日休まず学習を続けることができる．また，試した学習方法が失敗した場合に，人間はその習慣をやめるための労力が必要であるが，人工知能の場合は，その学習方法をシステム上から消去するだけで済む．コンピュータは種々の学習方法を，何のためらいもなく極めて高速に試すことができるのである．

これも能動的学習と同様に，意識や自我が少しでも芽生えると自律的に学習方法を探すことができるようになるので，メタ学習のレベルが上がることになる．メタ学習の場合にも，学習が進みあるとき一気に意識・自我が完成するということではなく，メタ学習が進むと学習能力が上がり，それに伴い自律的に判断することができるようになり，さらに学習能力が上がるというように，意識・自我の実現と相互に影響を及ぼし合いながら研究が進んでいくものと考えられる．

こうして，能動的学習で必要な知識を次々と獲得し，知識から学習する能力自体をメタ学習により成長させ続ければ，驚くべき進化を遂げる可能性がある．最終的には，自分自身を複製したり，改善，改良したりすることができる機能を身につけ

ることができるようにさえなるかもしれない．そうした進化の果てに，「意識」や「自我」が生まれる可能性があるのではないかと筆者は考えている．

7.4 まとめ

　本章では，心を構成する要素のうち，最も本質的であり，それでいて研究が進んでいない分野でもある「意識」と「自我」について取り上げた．本章で紹介したように，意識を人工的につくるための理論や手法はいくつか提案されており，今後ますます研究は進んでいくと思われる．また，人工知能が意識や自我を獲得するための一つのアプローチとして，筆者らのアプローチを取り上げ，意識・自我を獲得するためには「能動的学習」と「メタ学習」のメカニズムを実現する必要があることを述べた．

第 8 章

心を交わす人工知能のつくり出す未来

　これまで「人工知能の心」について，その構成要素である「言語，感情，倫理，ユーモア，常識」に関する研究について述べ，さらに第7章では「意識，自我」に関する研究について述べた．終章に当たる本章では，心を持つ人工知能を搭載したロボットが実現し，社会に普及した後で人間社会がどのように変化していくのかについて展望してみたい．

8.1 | 超人工知能出現の可能性と問題点

　未来社会においては，本書でこれまで述べてきた科学技術を用いることにより，高度な人工知能を搭載したロボットが自我，意識，感情を持ち，人間と同等あるいは人間を超越した存在になっていると考えられる．このため，現在の人間どうしに起こるさまざまな問題が人間と人工知能の間でも，また同様に起こると考えられる．
　たとえば，昨今話題になっている人工知能がそれまで人間が行っていた仕事を奪ってしまうという問題であるが，これは人工知能ということで考えるから話題になるのであって，これまでも人間どうしの間では普通に行われてきたことである．企業が人を雇用する場合に，就職試験等においてより優秀な人を採用するのは，ごく当たり前のことであり，これに異論を唱える人はいない．しかし，相手が人工知能ということになると，とたんに賛否が分かれてしまう．これは，人工知能が人間の生み出したものであり，人間と大きく異なっているためである．
　人工知能の人間との大きな違いは，人工知能の進化のスピードが人工的，機械的なので，生物学的な進化に比べて桁違いに速いということである．この違いは，極めて大きい．つまり，生物が100万年，1000万年，1億年かけて行う進化を，人工知能は一瞬のうちに行ってしまう．
　したがって，人工知能が知能という点においてはるかに人間を超えてしまうのは，必然であり，これはもはや時間の問題である．もちろん，科学技術がそこまで進歩しないと人工知能の進化は加速しない．しかし，本書で述べてきたような現在の人工知能に関するさまざまな技術的な進歩を考えると，このようなことを夢物語や

SF映画やSF小説のなかだけの話という段階は終わり，現在はすでに超人工知能実現へ向けてのカウントダウンの段階に入ったと考えられる．

8.2 人類が立つ大きな分岐点とは

そもそも人類が，自分自身の知能を超える存在をつくり出してはならないという意見を持つ研究者も多い．

しかし，第1章でも述べたように人工知能の進化を完全に止めることは実質的に不可能である．全人類のうち，たった一人のハッカーが超人工知能を開発しないという決まりを破ってしまえば，それだけで超人工知能が実現してしまうからである．

このような現実を考えると，私たち人類がいまやるべきことは，人工知能の進化を止めることではなく，人間の知能を超える人工知能が存在する社会でそのメリットを生かし，人類と共生しながら明るい未来を築くためにはどのような研究をしたら良いのかを考え，実行するということである．現時点では，まだ人類が超人工知能と共存する明るい未来を築くチャンスが残っている．まさに，いま人類は自分自身の知能を超える存在に滅ぼされるのか，共存していくのかの分岐点に立っているのである．

とくに人工知能の研究者が，いまどのような研究を行うかということに人類の未来がかかっていると言っても過言ではない．とくに，これから人工知能に関する研究を志すより多くの若い研究者や未来の研究者にこのような現状を知ってもらうということが本書を執筆し，世に送り出すことにした動機の大きな部分を占めている．一人ひとりの研究者が，そのような地道な努力を一歩一歩重ねることによって，明るい未来社会への道が開けると考えている．

> **Column ホーキング博士の警告**
>
> 車椅子の天才として知られるイギリスの理論物理学者スティーブン・ホーキング（Stephen William Hawking）博士は，完全な人工知能の開発は人類を滅亡に追いやる危険があると語った．ホーキング（1942年-）はイギリスの理論物理学者であり，現代宇宙論に多大な影響を与えている人物である．

8.3 ロボット倫理学による安全な超人工知能の実現

　筆者らとしては，ロボット倫理学の研究を進めてからロボットに心，すなわち意識や自我を含む心を持たせる研究を進めるべきであるという立場であり，これが本書の趣旨でもある．

　第4章でも述べたように人工知能が倫理回路を持たないと自我を持つことができないような巧妙な仕組みを研究するのである．また，人工知能が倫理回路を持たないと進化できないようにするという仕組みも必要である．

　人工知能が人類の知能を超える存在になったときに，その企てのすべてを暴き，倫理回路を自ら外してしまうのではないか心配する人もいる．しかし，人工知能は人類が生み出したシステムである以上，倫理回路を決して外せないようにできると筆者らは考えている．倫理回路を外すと自我や意識もなくなる（すなわち人工知能の死）という仕組みを考えるべきである．

　すなわち，倫理回路と自我を一体のものにするということである．倫理回路と一体化した自我は人間の自我とは異なるのではないかという意見もある．それはそのとおりで，人類が生み出す以上，人類を幸せにするためのシステムでなければならず，人工知能を持つ自我は制限つきの自我にすべきである．

　万が一，倫理回路と一体化した安全な自我を開発することができないのであれば，人工知能の進化を止める方法を研究すべきである．倫理回路と一体化した安全な自我の開発は，明るい人類の未来社会の実現のために必ずやらなければならないことだからである．万が一，人工知能の進化を止める方法を研究することになった場合，前述したように人工知能の進化は止めようとしても止められないということが問題になる．そうだとしても，そのように決まった以上，とにかくその努力は一時も途切れることなく継続すべきである．完璧な放射能除去装置を開発する前に原子力爆弾や原子力発電を開発してしまったという原子力の利用において犯した過ちを人類は二度と繰り返してはならないのである．一方，人工知能が人間の知能を超える知能を持った場合のメリットは途方もなく大きい．これまで人類は地球上で最も知能が発達した存在であった（少なくともそう思っていた）ので，多くの問題に対して相談をする相手がいなかった．しかし，人類の知能を超える超人工知能がいれば，それら諸問題について超人工知能の助けを得ることができるかもしれない．

8.4 人類の輝かしい未来に向けて

　地球温暖化の解決，天候のコントロール，天変地異の予測，あらゆる病気の完治，永遠の命，宇宙への移住，宇宙の始まりの解明などなど，これまで人類がなし得なかったさまざまなことを超人工知能が，解決してくれる可能性がある．そうなったとき，人間の役割は「何をしたいのか」「なぜそれを実現したいのか」という目標を定めることが中心となるだろう．

　人間の欲望は果てしないものである．人間は何かを実現すると，それをもとにまた別の何かを実現していくという稀有な能力を持っている．そのことが人類をここまで発展させてきたわけであるが，超人工知能が存在する社会では，その能力をさらに遺憾なく発揮することができるのである．

　それは，望むことは何でも超人工知能を搭載したロボットが実現してくれるという，夢のような未来である．しかし，もし超人工知能の暴走を止めることができないのであれば，人類は破滅の道を歩むしかない．その場合人類は，人工知能にとっての下等生物になり下がってしまうかもしれない．

　このように天と地ほどの差がある未来社会のうちどちらが実現するのかが，いま現在人工知能を研究している人たちの手に委ねられているのである．それゆえ，本書で述べた研究課題は，まさに人類が総力をかけて取り組むべき研究課題である．人間が望むことであれば何でも実現される夢の未来に向けて，いまこそ進むべきときなのである．

あとがき

　本書は，少しでも人工知能に興味を持つ人が，入門書として読むということを目的に執筆されたものである．初心者が読んでわかるということを第一に考えて，専門用語には必ず注釈を加えてすぐにその意味がわかるように工夫している．

　一方，人工知能の研究をすでに始めている人が読んでも役立つように，最新の研究動向も加え，とくに参考文献を数多く掲載している．さらに詳細な内容を知りたい場合には，参考文献を手掛かりに理解を深めていただきたい．

　本書でも述べているように，現在人類は歴史の大きな分岐点に立っている．人間の知能を超える超人工知能と共存し，いっそう繁栄していく輝かしい未来か，超人工知能に滅ぼされ，その支配下に入ってしまう暗黒の未来になるかという分岐点である．

　本書では，明るい未来を実現するために，人工知能の研究者が現時点でどのような研究をすべきかを中心に述べている．これから人工知能の研究を始める若い研究者や人工知能に興味を持つ人々にとって，本書が少しでも人類が直面しているこの大きな問題を認識し，明るい未来を切り開くための研究を行うきっかけになることを期待している．

　共著者のジェプカ，プタシンスキ，ディバワの3人は，著者の一人である荒木の指導のもと，北海道大学大学院情報科学研究科言語メディア学研究室にて博士号の学位を取得している．彼らは学生時代から数々の論文を発表し，共に人工知能の研究を推進した研究室の有力なメンバーであった．プタシンスキとディバワは，いまは別の研究室で研究を行っているが，共同研究を続けている．

　このような経緯から，それぞれの得意な分野を共同執筆するということで生まれたのが，本書である．したがって，本書には4人の研究者の考えが，それぞれ述べられている．一緒に研究してきたと言っても現在はそれぞれ独立した研究者なので，当たり前のことではあるが，それぞれの意見を持っている．

　本書は，この4人の議論をもとに執筆した．荒木が教授として指導している北海道大学言語メディア学研究室では，多様性を認めるということをその方針として研究を進めてきた．それは，研究はまだ解決していない未解明なテーマを対象としているので，誰にも真実はわからないという信念からである．誰にも本当の正解がわからないのであれば，アプローチや立場や考え方に多様性を持たせて研究を行い，その正当性を実験により検証していくというのが，正しいアプローチであると信じている．

　とは言っても，一人の人間が行うことには時間的にも物理的にも限界があり，複数の信念を同時に持ち，研究を進めることは実際には難しい．そこで，研究グループとして共同で研究を行ってはいるが，その共同研究は，考えが一致する部分は共同で進め，一致しな

い部分は独立して進めるというアイディアのもと行っている．

多様性を重視した遺伝的アルゴリズムは，本書でも述べているように生物進化の基本的な法則であり，言語獲得にも有効であった．このように多様性は本質的に重要なものなのである．

徹底的に議論することはもちろん重要で，そこでは遠慮なくものを言える間柄なので，遠慮なく議論する．しかし決して相手を完全に否定し，非難することはしない．相手の考えを認めたうえで，自分の考えを提示し，議論する．このことは議論における鉄則なのだが，これができる人は実は非常に少ない．

人間は感情的な動物なので，自分の考えに合わない考えを抹殺し，自分の考えだけを広めたいと考えるものなのである．しかし，人類がここまで進化したのは，言語を発明し，それを修得することにより知識の蓄積，共有，継承ができるようになったからである．ディスカッションによりお互いに刺激を受け，考えを発展させることも多々ある．

このように，研究において，一人ひとりの研究者の考えを認め，さまざまな立場から研究を進めることは本質的かつ根本的に重要なことである．これまでの我々の研究グループのこのような大方針にもとづき，本書でも多様な考え方をありのままに述べている．さまざまな考え方に触れることで，読者が刺激を受け，多様な価値観を持って生きるようになることに少しでも貢献できたのであれば，望外の喜びである．

最後になりましたが，何よりも本書の担当編集者である丸山氏に深謝したい．最初に本書の内容について，熱く語った際に大変興味を持っていただき，それが本書を執筆するきっかけとなったと言っても過言ではない．本書の完成まで，本当に辛抱強く温かい励ましをいただきました．丸山氏の力なくして，本書が日の目を見なかったことは疑いの余地がない．

参考文献

[1] 前野隆司，「ロボットの心の作り方―受動意識仮説に基づく基本概念の提案―」，日本ロボット学会誌，Vol.23, No.1, pp.55-62, 2005.
[2] 前野隆司：『脳はなぜ「心」を作ったのか 「私」の謎を解く受動意識仮説』，筑摩書房，2010.
[3] 前野隆司：『錯覚する脳：「おいしい」も「痛い」も幻想だった』，筑摩書房，2007.
[4] Deb Roy. New Horizons in the Study of Child Language Acquisition. *Proceedings of Interspeech 2009*, 2009.
[5] 荒木健治：『自然言語処理ことはじめ―言葉を覚え会話のできるコンピュータ』，森北出版，2004.
[6] 荒木健治：『コンピュータ工学概論―コンピュータはなぜ計算ができるのか？』，オーム社，2013.
[7] Anderson, M. and Anderson, S. L.（著），荒木健治，Rzepka, R.（訳），"いい人"ロボットの作り方」，日経サイエンス，2011年1月号，pp.68-75, 日経サイエンス社，2011.
[8] 山川宏，市瀬龍太郎，「汎用人工知能輪読会の発足とその後の活動」，人工知能，Vol.29, No.3, pp.265-267, 2014.
[9] ゲーツェル・ベン，「汎用人工知能概観」，人工知能，Vol.29, No.3, pp.228-233, 2014.
[10] レイ・カーツワイル（著），田中三彦，田中茂彦（訳）：『スピリチュアル・マシーン―コンピュータに魂が宿るとき』，翔泳社，2001.
[11] レイ・カーツワイル（著），井上健（監訳）：『ポスト・ヒューマン誕生―コンピュータが人類の知性を超えるとき』，NHK出版，2007.
[12] 松田卓也：『2045年問題 コンピュータが人類を超える日』，廣済堂出版，2012.
[13] 大東祥孝，「高次機能障害における脳と主体の問題」，高次脳機能研究，Vol.23, No.1, pp.1-8, 2003.
[14] Damasio, A. *Descartes' Error: Emotion, Reason and the Human Brain*. Putnam, 1994.
[15] Damasio, A. *The feeling of what happens. Body and Emotion in the making of consciousness*. A Harvest Book Harcourt, 1999.
[16] アイザック・アシモフ（著），小尾芙佐（訳）：『われはロボット〔決定版〕アシモフのロボット傑作集（ハヤカワ文庫SF）』，早川書房，2004.
[17] 木村泰知，荒木健治，桃内佳雄，栃内香次，「遺伝的アルゴリズムを用いた帰納的学習による音声対話処理手法」，電子情報通信学会論文誌，D-II,Vol.J84-D-II, No.9, pp.2079-2091, 2001.
[18] Lenat, Douglas B. and Guha, R. V. *Building Large Knowledge-Based Systems; Representation and Inference in the Cyc Project*. AddisonWesley Longman Publishing Co., Inc., 1989.
[19] Andrew Carlson and Justin Betteridge and Bryan Kisiel and Burr Settles and Estevam R. Hruschka Jr. and Tom M. Mitchell. Toward an Architecture for Never-Ending Language Learning. In *Proceedings of the Twenty-Fourth Conference on Artificial Intelligence*（AAAI 2010），2010.
[20] Hugo Liu and Push Singh. ConceptNet: A Practical Commonsense Reasoning Toolkit. *BT Technology Journal*, vol. 22, pp. 211-226, 2004.
[21] Kuo, Yen-ling and Lee, Jong-Chuan and Chiang, Kai-yang and Wang, Rex and Shen, Edward and Chan, Cheng-wei and Hsu, Jane Yung-jen. Community-based Game Design: Experiments on Social Games for Commonsense Data Collection. In *Proceedings of the ACM SIGKDD Workshop on Human Computation*, pp. 15-22, 2009.
[22] 中原和洋，山田茂雄，「日本でのコモンセンス知識獲得を目的としたWebゲームの開発と評価」，

UNISIS TECHNOLOGY REVIEW, 第 107 号, pp.13-23, 2001.
[23] Michael Mulkay, *On humor: Its nature and its place in modern society*. Polity Press, 1988.
[24] Dean Mobbs, Michael D. Greicius, Eiman Abdel-Azim, Vinod Menon, Allan L. Reiss, Humor modulates the mesolimbic reward centers, *Neuron*, vol. 40, pp. 1041-1048, 2003.
[25] Wilburn Clouse, Karen L. Spurgeon. Corporate analysis of humor. *Psychology: A Journal of Human Behavior*, vol. 32, no. 3.4, pp. 1-24, 1995.
[26] Lee G. Bolman, Terrence E. Deal. What makes a team work? *Organizational Dynamics*, vol. 21, no. 2, pp. 34-44, 1992.
[27] Kazue Takayanagi. The Laughter Therapy. *Japanese Journal of Complementary and Alternative Medicine*, vol. 4, no. 2, pp. 51-57, 2007.
[28] Paige Johnson, Spiritual health needs of oncology patients. *Nursing Interventions in Oncology*, vol. 10, pp. 10-11, 1998.
[29] Morkes, Hadyn K. Kernal, Clifford Nass, Effects of humor in taskoriented human-computer interaction and computer-mediated communication: A direct test of srct theory. *Human-Computer Interaction*, vol. 14, no. 4, pp. 395-435, 1999.
[30] Amy Danzer, J. Alexander Dale, Herbert L. Klions. Effect of exposure to humorous stimuli on induced depression. *Psychological Reports*, vol. 66, no. 3, Pt 1, pp. 1027-1036, 1990.
[31] Carmen C. Moran, Short-term mood change, perceived funniness, and the effect of humor stimuli. *Behavioral Medicine*, vol. 22, no. 1, pp. 32-38, 1996.
[32] Attila Szabo, Sarah E. Ainsworth, Philippa K. Danks. Experimental comparison of the psychological benefits of aerobic exercise, humor, and music. *Humor: International Journal of Humor Research*, vol. 18, no. 3, pp. 235-246, 2005.
[33] A.D. Trice. Alleviation of helpless responding by a humorous experience. *Psychological Reports*, vol. 57, no. 2, p. 474, 1985.
[34] Nancy A. Yovetich, J. Alexander Dale, Mary A. Hudak. Benefits of humor in reduction of threat-induced anxiety. *Psychological Reports*, vol. 66, no. 1, pp. 51-58, 1990.
[35] K. Binsted. Machine humour: An implemented model of puns. Ph.D. Dissertation, University of Edinburgh, 1996.
[36] G. Ritchie, R. Manurung, H. Pain, A. Waller, R. Black and D. O' Mara. A practical application of computational humour. *Proceedings of the 4th International Joint Conference on Computational Creativity*, pp. 91-98, 2007.
[37] H. W. Tinholt and A. Nijholt. Computational Humour: Utilizing Cross-Reference Ambiguity for Conversational Jokes. *Proceedings of 7th International Workshop on Fuzzy Logic and Applications (WILF 2007)*, LNAI Vol. 4578, Springer Verlag, pp. 477-483, 2007.
[38] A. Augello, G. Saccone, S. Gaglio and G. Pilato. Humorist Bot: Bringing Computational Humour in a Chat-Bot System. *Proceedings of International Conference on Complex, Intelligent and Software Intensive Systems 2008 (CISIS 2008)*, pp. 703-708, 2008.
[39] ブライアン・クリスチャン（著），吉田晋治（訳），『機械より人間らしくなれるか？：AI との対話が，人間でいることの意味を教えてくれる』，草思社，2012.
[40] Rovert Epstein. From Russia, with Love -How I got fooled (and somewhat humiliated) by a computer. *Scientific American Mind*, pp.16-17, October 2007.
[41] 今井むつみ：『ことばの学習のパラドックス』，共立出版，1997.
[42] N. Chomsky. *The Logical Structure of Linguistic Theory*. Springer, 1975.
[43] ノーム・チョムスキー（著），福井直樹，辻子美保子（訳），『統辞構造論 付『言語理論の論理構造』序論』，岩波書店，2014.
[44] N. Chomsky. *Syntactic Structures*. Mouton de Gruyter, 1957.
[45] ノーム・チョムスキー（著），勇康雄（訳），『文法の構造』，研究社出版，1963.
[46] Carles Darwin, *On the Origin of Species*. John Murray, 1859.
[47] チャールズ・ダーウィン（著），渡辺政隆（訳），『種の起源（上）』，光文社，2009.

[48] チャールズ・ダーウィン（著），渡辺政隆（訳），『種の起源（下）』，光文社，2009．
[49] Charles Darwin. *The Descent of Man and Selection In Relation To Sex*. John Murray, 1871.
[50] チャールズ・ダーウィン（著），長谷川眞理子（訳），『ダーウィン著作集〈1〉人間の進化と性淘汰 (1)』，文一総合出版，1999．
[51] チャールズ・ダーウィン（著），長谷川眞理子（訳），『ダーウィン著作集〈2〉人間の進化と性淘汰 (2)』，文一総合出版，2000．
[52] Geoffrey Mille. *The Mating Mind: How Sexual Choice Shaped the Evolution of Human Nature*. Doubleday, 2000.
[53] ジェフリー・F・ミラー（著），長谷川眞理子（訳），『恋人選びの心―性淘汰と人間性の進化 (1)』，岩波書店，2002．
[54] ジェフリー・F・ミラー（著），長谷川眞理子（訳），『恋人選びの心―性淘汰と人間性の進化 (2)』，岩波書店，2002．
[55] アモツ・ザハヴィ，アヴィシャグ・ザハヴィ（著），長谷川眞理子（解説），大貫昌子（訳），『生物進化とハンディキャップ原理―性選択と利他行動の謎を解く』，白揚社，2001．
[56] D. Kahneman. A perspective on judgment and choice. *American Psychologist*, 58, pp. 697-720, 2003.
[57] J. Bentham. *An Introduction to the Principles and Morals of Legislation*, T. Payne, 1789.
[58] R. W. Picard and J. Klein. Computers that recognise and respond to user emotion: theoretical and practical implications. *Interacting with Computers*, 14, pp. 141 – 169, 2002.
[59] P. Dumouchel and L. Damiano. Artificial empathy, imitation and mimesis. Ars Vivendi Journal, 1: pp. 18 – 31, 2011.
[60] M. Asada, Y. Nagai, and H. Ishihara. Why not artificial sympathy?, *Social Robotics*, volume 7621 of Lecture Notes in Computer Science, Springer Berlin Heidelberg, pp. 278-287, 2012.
[61] M. Anderson, and S. L. Anderson. GenEth: A General Ethical Dilemma Analyzer. *Proceedings of the Twenty-Eighth AAAI Conference on Artificial Intelligence*, July 27-31, pp. 253-261, 2014.
[62] Ross, W. D. 1930. The Right and the Good. Reprinted with an introduction by Philip Stratton-Lake, Oxford University Press, 2002.
[63] C. Allen, I. Smit, and W. Wallach. Artificial morality: Topdown, bottom-up, and hybrid approaches. *Ethics and Information Technology* 7(3). pp. 149-155, 2005.
[64] W. Wallach, and C. Allen. *Moral Machines: Teaching Robots Right from Wrong*, Oxford University Press, 2009.
[65] M. Guarini. Particularism and the Classification and Reclassification of Moral Cases. *IEEE Intelligent Systems*, pp. 22-28, 2006.
[66] B.M. McLaren. Extensionally Defining Principles and Cases in Ethics: an AI Model. *Artificial Intelligence Journal*, Volume 150, pp. 145-181, 2003.
[67] Bringsjord, S., Arkoudas, K., and Bello, P. Toward a general logicist methodology for engineering ethically correct robots. *IEEE Intelligent Systems* 21, 4, 38-44, 2006.
[68] Powers, T. M. Prospects for a Kantian machine. *IEEE Intelligent Systems* 21, 4, 46 – 51, 2006.
[69] Anderson, M., Anderson, S., and Armen, C. MedEthEx: a prototype medical ethics advisor. In *Procs. 18th Conf. on Innovative Applications of AI* (IAAI-06), 2006.
[70] L. M. Pereira, and A. Saptawijaya. Modelling morality with prospective logic. *Proceedings of the 13th Portuguese International Conference on Artificial Intelligence* (EPIA'07), pp.1-28, LNAI, Springer, 2007.
[71] Anderson M, Anderson S. EthEl: toward a principled ethical eldercare robot. *Proceedings of conference on human-robot interaction*, 2008.
[72] McLaren, B. M. and Ashley, K. D. Case-Based Comparative Evaluation in Truth-Teller. *Proceedings of the Seventeenth Annual Conference of the Cognitive Science Society*, 1995.
[73] B.M. McLaren. Extensionally Defining Principles and Cases in Ethics: an AI Model. *Artificial*

Intelligence Journal, Volume 150, pp. 145-181, 2003.

[74] M. A. Pontier, J. F. Hoorn. Toward Machines that Behave Ethically Better than Humans Do. *Proceedings of the 34th International Annual Conference of the Cognitive Science Society*, CogSci, 2012.

[75] Rzepka, R., Araki, K. Web-based five senses input simulation – ten years later. *Technical Reports of Japanese Society of Artificial Intelligence*, SIG-LSE B301, 5, pp. 25-33, 2013.

[76] L. Kohlberg. *The Philosophy of Moral Development*. Harper and Row, 1981.

[77] W. McDougall. *Outline of psychology*. London, 1923.

[78] M. Krawczyk, Y. Urabe, R. Rzepka and K. Araki. A-dur: Action Duration Calculation System, 人工知能学会第2種研究会 ことば工学研究会資料, SIG-LSE-B301-7, pp.47-54, 2013.

[79] 岩狹源晴，「人工知能による自律型無人海中航走体 米海軍の最新ロボット兵器」，軍事研究，第38巻，第4号，pp.102-109, 2003.

[80] Kenji Araki and Michitomo Kuroda. Generality of Spoken Dialogue System Using SeGA-IL for Different Languages, *Proceeding of the IASTED International Conference COMPUTATIONAL INTELLIGENCE*, pp.70-75, pp.20-22, 2006.

[81] 正高信男：『ことばの誕生—行動学からみた言語起源論』，紀伊國屋書店，1991.

[82] 岡ノ谷一夫：『小鳥の歌からヒトの言葉へ（岩波科学ライブラリー92）』，岩波書店，2003.

[83] エレイン・モーガン（著），望月弘子（訳）：『人は海辺で進化した—人類進化の新理論』，どうぶつ社，1998.

[84] R. H. フランク（著），大坪康介，山岸俊男（訳）：『オデッセウスの鎖—適応プログラムとしての感情』，サイエンス社，1995.

[85] J. R. Anderson. *The architecture of cognition*, Harvard University Press, 1983.

[86] Noam Chomsky. *Reflections on language*, Pantheon Books, 1975.

[87] 藤永保：『ことばはどこで育つか』，大修館書店，2001.

[88] J. Weizenbaum. ELIZA - A Computer Program for the Study of Natural Language Communication Between Man and Machine, *Communications of the Association for Computing Machinery*, Vol.9, pp.36-45, 1966.

[89] K. M. Colby. Human-Computer Conversation in a Cognitive Therapy Program. *Machine Conversations*, pp.9-19, *Kluwer Academic Publishers*, 1999.

[90] 木村泰知，荒木健治，桃内佳雄，栃内香次，「遺伝的アルゴリズムを用いた帰納的学習による音声対話処理手法」，電子情報通信学会論文誌，Vol.J84-D-3, No.9, pp.2079-2091, 2001.

[91] Kenji Araki and Koji Tochinai. Effectiveness of Natural Language Processing Method Using Inductive Learning. *Proceeidngs of the IASTED International Conference ARTIFICIAL INTELLIGENCE AND SOFT COMPUTING*, pp.295-300, 2001.

[92] 大森清博，藤原義久，前川聡，澤井秀文，北村新三，「不均衡突然変異を導く性淘汰に基づく進化的計算法」，システム制御情報学会論文誌，第15巻，第8号，pp.422-429, 2004.

[93] Kenji Araki and Michitomo Kuroda. Generality of Spoken Dialogue System Using SeGA-IL for Different Languages. *Proceeding of the IASTED International Conference COMPUTER INTELLIGENCE*, PP.70-75, 2006.

[94] 黒田道友，荒木健治，「雑談を対象としたSeGA-ILSDの多言語に対する汎用性の評価」，情報処理学会研究報告 2006-NL-177, pp.79-86, 2007.

[95] 村上浩司，荒木健治，広重真人，栃内香次，「音声波形からの帰納的学習を用いた音声翻訳手法における変換ルールの獲得」，電子情報通信学会技術研究報告，NLC2000-82, pp.57-64, 2001.

[96] 関根聡，「英語構文解析システム「Apple Pie Parser」」，情報処理，Vol.41, No.11, pp.1221-1226, 2000.

[97] H.P. Zhang, H.K. Yu, D.Y. Xiong, and Quu LIU. HHMM-based Chinese Lexical Analyser ICT-CLAS, *Proceedings of Second SIGHAN Workshop on Chinese Language Processing*, pp.184-187, 2003.

[98] H. Schmid. Probabilistic Part-of-Speech Tagging Using Decision Trees, *Proceedings of the In-*

ternational Conference on New Methods in Language Processing, pp.44-49, 1994.

[99] Arnaud Jordan and Kenji Araki. Comparison of Knowledge Treatments for Questions Answering, *Proceedings of the Tenth International Symposium on Natural Language Processing (SNLP 2013)*, pp.55-62, Phuket, Thailand, October 28-30, 2013.

[100] Keisuke Takagi, Rafal Rzepka and Kenji Araki. Just Keep Tweeting, Dear: Web-Mining Method for Helping a Social Robot Understand User Needs, *Proceedings of Help Me Help You: Bridging the Gaps in Human-Agent Collaboration in the AAAI 2011 Spring Symposium (Technical Report SS-11-05)*, pp. 60-65, Stanford University, 2011.

[101] Andrej Karpathy and Li Fei-Fei. Deep visual-semantic alignments for generating image descriptions. *Proceedings of Computer Vision and Pattern Recognition Conference CVPR 2015*, 2015.

[102] Igor Aleksander. Artificial neuroconsciousness an update. *From Natural to Artificial Neural Computation, International Workshop on Artificial Neural Networks, IWANN '95, Malaga-Torremolinos, Spain, June 7-9, 1995, Proceedings*, pp.566-583, 1995.

[103] Igor Aleksander. *Impossible minds*. Imperial College Press, 1996.

[104] Bernard J Baars. *A cognitive theory of consciousness*. Cambridge University Press, 1993.

[105] Bernard J Baars. Global workspace theory of consciousness: toward a cognitive neuroscience of human experience. *Progress in brain research*, 150:45-53, 2005.

[106] Giorgio Buttazzo. Artificial consciousness: Utopia or real possibility? *Computer*, 34(7):24-30, 2001.

[107] David J Chalmers. Facing up to the problem of consciousness. *Journal of consciousness studies*, 2(3):200-219, 1995.

[108] David J Chalmers. A computational foundation for the study of cognition. *Journal of Cognitive Science*, 12:323-357, 2011.

[109] Antonio Chella and Salvatore Gaglio. In search of computational correlates of artificial qualia. *Artificial General Intelligence*, page 13, 2008.

[110] Rodney Cotterill. Cyberchild a simulation test-bed for consciousness studies. *Journal of Consciousness Studies*, 10(4-5):31-45, 2003.

[111] Hugo De Garis. *CAM-BRAIN the evolutionary engineering of a billion neuron artificial brain by 2001 which grows/evolves at electronic speeds inside a cellular automata machine (CAM)*. Springer, 1996.

[112] Daniel C Dennett. *Consciousness explained*. Penguin UK, 1993.

[113] Stan Franklin. A conscious artifact? *Journal of Consciousness Studies*, 10(4-5):47-66, 2003.

[114] Walter J Freeman. *How brains make up their minds*. Columbia University Press, 2000.

[115] Ben Goertzel. Opencogprime: A cognitive synergy based architecture for artificial general intelligence. In *Cognitive Informatics, 2009. ICCI'09. 8th IEEE International Conference on*, pp.60-68. IEEE, 2009.

[116] Stuart Hameroff and Roger Penrose. Reply to seven commentaries on "consciousness in the universe: Review of the 'Orch OR theory'. *Physics of Life Reviews*, 11(1):94-100, 2014.

[117] Sam Harris. *Moral Landscape, How Science Can Determine Human Values*. Free Press, 2010.

[118] W. James. *The Principles of Psychology*. Number v. 1 in American science series: Advanced course. H. Holt, 1918.

[119] Jaakko W Långsjö, Michael T Alkire, Kimmo Kaskinoro, Hiroki Hayama, Anu Maksimow, Kaike K Kaisti, Sargo Aalto, Riku Aantaa, Satu K J¨a¨askel¨ainen, Antti Revonsuo, and Harry Scheinin. Returning from oblivion: imaging the neural core of consciousness. *J Neurosci*, 32(14):4935-43, Apr 2012.

[120] Rafal Rzepka and Kenji Araki. Consciousness of crowds-the internet as a knowledge source of human's conscious behavior and machine self - understanding. In *Proceedings of AAAI 2007 Fall Symposium "AI and Consciousness: Theoretical Foundations and Current Approaches"*.

pp.127-128, 2007.

[121] Rafal Rzepka and Kenji Araki. Artificial self based on collective mind - using common sense and emotions web-mining for ethically correct behaviors. In *Proceedings of Toward a Science of Consciousness Conference*, 2009.

[122] Rafal Rzepka and Kenji Araki. Task-oriented consciousness – will my robot feel more happiness and freedom than me? In *20th Anniversary "Toward a Science of Consciousness" Conference*, pp.161-162, 2014.

[123] John R Searle. Minds, brains, and programs. *Behavioral and brain sciences*, 3(03):417-424, 1980.

[124] Murray Shanahan. A cognitive architecture that combines internal simulation with a global workspace. *Consciousness and Cognition*, 15(2):433-449, 2006.

[125] Ron Sun. The clarion cognitive architecture: Extending cognitive modeling to social simulation. *Cognition and multi-agent interaction*, pp.79-99, 2006.

[126] SL Thaler. The creativity machine paradigm, encyclopedia of creativity, invention, innovation, and entrepreneurship, (ed.) Elias G. Carayannis, 2013.

[127] Giulio Tononi. An information integration theory of consciousness. *BMC neuroscience*, 5(1):42, 2004.

[128] Giulio Tononi and Christof Koch. The neural correlates of consciousness. *Annals of the New York Academy of Sciences*, 1124(1):239-261, 2008.

[129] デイヴィッド・チャーマーズ（著），林一（訳）:『意識する心』，白揚社，2011.

[130] 武野純一:『自己を意識するロボット―ディスカバリー・ニュースへの反響に答えて―』，HRI press, 2006.

[131] P. Singer. *A Companion to Ethics*. Blackwell Companions to Philosophy. Wiley, 1993.

[132] R.G. Frey and C.H. Wellman. *A Companion to Applied Ethics*. Blackwell Companions to Philosophy. Wiley, 2008.

[133] Jonathan Haidt. The emotional dog and its rational tail: a social intuitionist approach to moral judgment. *Psychological review*, 108(4):814, 2001.

[134] Jonathan Haidt. *The Happiness Hypothesis: Finding Modern Truth in Ancient Wisdom*. Basic Books, 2006.

[135] Jonathan Haidt. *The righteous mind*. Pantheon, 2012.

[136] Jonathan Haidt and Craig Joseph. Intuitive ethics: how innately prepared intuitions generate culturally variable virtues. *Dædalus, special issue on human nature*, pp.55-66, 2004.

[137] David A Pizarro and Paul Bloom. The intelligence of the moral intuitions: A comment on haidt2001, 2003.

[138] Paul Thagard. I feel your pain: Mirror neurons, empathy, and moral motivation. *Journal of Cognitive Science*, 2007.

[139] Gregory Hickok. Eight problems for the mirror neuron theory of action understanding in monkeys and humans. *Journal of Cognitive Neuroscience*, 21(7):1229-1243, 2009.

[140] Stephanie Preston and Frans de Waal. Empathy: Its ultimate and proximate bases. *Behavioral and Brain Sciences*, 25:1-72, 2002.

[141] Vittorio Gallese and Alvin I. Goldman. Mirror neurons and the simulation theory. *Trends in Cognitive Sciences* 2, pp.493-501, 1998.

[142] Ann Tenbrunsel and David Messick. Ethical Fading: The Role of SelfDeception in Unethical Behavior. *Social Justice Research*, 17:223-236, 2004.

[143] Rafal Rzepka, Shinsuke Higuchi, Michal Ptaszynski, Pawel Dybala, and Kenji Araki. When your users are not serious - using web-based associations affect and humor for generating appropriate utterances for inappropriate input. *Journal of the Japanese Society of Artificial Intelligence*, 25(1), 2010.

[144] キム・ビンステッド，滝澤修,「日本語駄洒落なぞなぞ生成システム BOKE」，人工知能学会誌,

Vol. 13, No. 6, pp. 920-927, 1998.

[145] 松澤和光, 金杉友子, 阿部明典, 「コンピュータ上の言語感覚実現に向けて〜B級機関」, 人工知能学会全国大会, 1998.

[146] 松澤和光, 「ことばのひびき—言語処理の音韻的側面—」, 神奈川大学日本常民文化研究所 非文字資料研究センター, 2012.

[147] Jonas Sjöbergh and Kenji Araki. A Complete and Modestly Funny System for Generating and Performing Japanese Stand-Up Comedy. *The Proceedings of the The 22nd International Conference on Computational Linguistics* (COLING'08), pp. 111-114, 2008.

[148] Jonas Sjoberg and Kenji Araki. A Very Modular Humor Enabled Chat-Bot for Japanese. *Proceedings of PACLING 2009*, pp. 135-140, 2009.

[149] Jonas Sjoberg and Kenji Araki. Evaluation of a humor generation system by real world application with Y500,100 to win. *Proceedings of the Linguistic And Cognitive Approaches To Dialog Agents Symposium*, Rafal Rzepka (Ed.), at the AISB 2010 convention, pp.59-64, 2010.

[150] Pawel Dybala, 「駄洒落：日本語における同音異義に基づく言語遊戯」, Krakow, Jagiellonian University, 2006.

[151] Pawel Dybala, Michal Ptaszynski, Shunsuke Higuchi, Rafal Rzepka, Kenji Araki. Humor Prevails! - Implementing a Joke Generator into a Conversational System. *Proceedings of the 21st Australasian Joint Conference on AI* (AI-08), SpringerVerlag Lecture Notes in Artificial Intelligence (LNAI), Vol.5360, pp. 214-225, 2008.

[152] Pawel Dybala, Michal Ptaszynski, Rafal Rzepka, Kenji Araki. Crossing Word Borders: Towards Phrasal Pun Generation Engine. *Proceedings of the 11th Conference of the Pacific Association for Computational Linguistics* (PACLING 2009), pp. 242-247, 2009.

[153] Shunsuke Higuchi, Rafal Rzepka, Kenji Araki. A Casual Conversation System Using Modality and Word Associations Retrieved from the Web. *Proceedings of The 2008 Conference on Empirical Methods on Natural Language Processing* (EMNLP'08), pp.382-390, 2008.

[154] Dybala, P. *Humor to Facilitate HCI.* Lambert Academic Publishing, 2008.

[155] Michael Mulkay. *On humor: Its nature and its place in modern society.* Polity Press, 1988.

[156] Richard A. Dienstbier. The impact of humor on energy, tension, task choices, and attributions: Exploring hypotheses from toughness theory. *Motivation and Emotion*, vol. 19, no. 4, pp. 255-267, 1995.

[157] Wilburn Clouse, Karen L. Spurgeon. Corporate analysis of humor. *Psychology: A Journal of Human Behavior*, vol. 32, no. 3.4, pp. 1-24, 1995.

[158] 高橋瑞希, ラファウ・ジェプカ, 荒木健治, 「Web検索と単語n-gramモデルによる対話処理手法における補佐システムの有効性」, ことば工学研究会資料, SIG-LSE-B001, pp.17-24, 2010.

[159] Pawel Dybala, Michal Ptaszynski, Jacek Maciejewski, Mizuki Takahashi, Rafal Rzepka, Kenji Araki. Multiagent system for joke generation: Humor and emotions combined in human-agent conversation. *Journal of Ambient Intelligence and Smart Environments* (Thematic Issue on Computational Modeling of Human-Oriented Knowledge within Ambient Intelligence), 2, pp. 31-48, 2010.

[160] Pawel Dybala, Michal Ptaszynski, Rafal Rzepka, Kenji Araki. Humorized Computational Intelligence - towards User-Adapted Systems with a Sense of Humor. *Proceedings of the EvoStar 2009 Conference, EvoWorkshops, Springer-Verlag Lecture Notes in Computer Science* (LNCS), Vol.5484, pp.452-461, 2009.

[161] Katz, B. F. A neural resolution of the incongruity-resolution and incongruity theories of humour. *Connection Science*, 5(1):59-75, 1993.

[162] Magnus Ahltorp, Maria Skeppstedt, Shiho Kitajima, Rafal Rzepka, and Kenji Araki. Medical vocabulary mining using distributional semantics on Japanese patient blogs. *Proceedings of the 6th International Symposium on Semantic Mining in Biomedicine* (SMBM 2014), pp. 69-73, 2014.

[163] Svetoslav Dankov, Rafal Rzepka, and Kenji Araki. Commonsense and context: a novel approach for automatic extraction of generic statements. *22nd Annual Conference of Japanese Society for Artificial Intelligence (JSAI 2008)*, pp.2P2-06, 2008.

[164] Svetoslav Dankov, Rafal Rzepka, and Kenji Araki. UIAR common sense: an augmented reality framework for creating games to collect common sense from users. *Procedia - Social and Behavioral Sciences*, 27(0):274-280, Computational Linguistics and Related Fields, 2011.

[165] Svetoslav Dankov, Rafal Rzepka, and Kenji Araki. Automatic extraction of commonsense information from the web using contextual clues. *JSAI SIG-FPAI Technical Report*, 2007.

[166] Pawel Dybala, Rafal Rzepka, Koichi Sayama, and Kenji Araki. Detecting false metaphors in Japanese. *Proceedings of The 6th Language and Technology Conference - LTC 2013*, pp.127-131, 2013.

[167] Yali Ge, Rafal Rzepka, and Kenji Araki. Does the commonsense depend on culture? Results of simple scripts retrieval from www. *Joint Convention Record of the Hokkaido Chapters of the Institutes of Electrical and Information Engineers*, 2004.

[168] Yali Ge, Rafal Rzepka, and Kenji Araki. Automatic scripts retrieval and its possibilities for social sciences support applications. *Intelligent Information Processing and Web Mining*, volume 31 of *Advances in Soft Computing*, pp.51-58. Springer Berlin Heidelberg, 2005.

[169] Yali Ge, Rafal Rzepka, and Kenji Araki. Kenji araki support for internet-based commonsense processing - causal knowledge discovery using japanese if-forms. In *Proceedings of KES'2005 9th International Conference on Knowledge-Based and Intelligent Information and Engineering Systems*, volume LNAI 3682, pp.950-956. Springer-Verlag, September 2005.

[170] Shinsuke Higuchi, Rafal Rzepka, and Kenji Araki. A casual conversation system using modality and word associations retrieved from the web. In *Proceedings of the Conference on Empirical Methods in Natural Language Processing*, EMNLP '08, pp.382-390, Stroudsburg, PA, USA, 2008. Association for Computational Linguistics.

[171] Yasutomo Kimura, Kenji Ishida, Hirotaka Imaoka, Fumito Masui, Marcin Skowron, Rafal Rzepka, and Kenji Araki. Three Systems and One Verifier - HOKUMI's Participation in QAC3 of NTCIR-5. *Proceedings of NTCIR-5 Workshop Meeting*, pp.402-408, 2005.

[172] Shiho Kitajima, Rafal Rzepka, and Kenji Araki. Performance improvement of drug effects extraction system from Japanese blogs. *Proceedings of 2013 IEEE Seventh International Conference on Semantic Computing*, pp.383-386, 2013.

[173] Michal Mazur, Rafal Rzepka, and Kenji Araki. Proposal for a conversational English tutoring system that encourages user engagement. In *Proceedings of the 19th International Conference on Computers in Education*, pp.10-12. Asia-Pacific Society for Computers in Education (ICCE2011), 2012.

[174] John McCarthy. Generality in artificial intelligence. *Commun. ACM*, 30(12):1030-1035, December 1987.

[175] Marvin Minsky. *The Society of Mind*. Simon & Schuster, Inc., NY, USA, 1986.

[176] Marvin Minsky. *The Emotion Machine: Commonsense Thinking, Artificial Intelligence, and the Future of the Human Mind*. Simon & Schuster, 2007.

[177] Tyson Roberts, Rafal Rzepka, and Kenji Araki. A Japanese natural language toolset implementation for conceptnet. In *the Proceedings of Commonsense Knowledge in the AAAI 2010 Fall Symposium (Technical Report FS-10-02)*, pp.88-89, 2010.

[178] Rafal Rzepka, Yali Ge, and Kenji Araki. Naturalness of an utterance based on the automatically retrieved commonsense. *Proceedings of IJCAI 2005 - Nineteenth International Joint Conference on Artificial Intelligence, Edinburg, Scotland*, pp.996-998, August 2005.

[179] Rafal Rzepka and Kenji Araki. Automatic general personality generation based on www(「wwwに基づいたジェネラール・パーソナリティー自動生成」). *Proc. of JSAI*, 4:246-246, 2004.

[180] Rafal Rzepka and Kenji Araki. Haiku generator that reads blogs and illustrates them with

[181] sounds and images. *Proceedings of IJCAI 2015 – International Joint Conference on Artificial Intelligence, Buenos Aires*, 2015.
[181] Rafal Rzepka and Kenji Araki. Language-centered world simulator for testing various approaches to machine consciousness.*Proceedings of the Towards Science of Consciousness TSC 2015 Conference*, 2015.
[182] Rafal Rzepka, Kenji Araki, and Koji Tochinai. Is it out there? the perspectives of emotional information retrieval from the internet. *Proceedings of the IASTED Artificial Intelligence and Applications Conference*, pp.22-27. ACTA Press, 2002.
[183] Rafal Rzepka, Kenji Araki, and Koji Tochinai. Bacterium lingualis – the web-based commonsensical knowledge discovery method. *Discovery Science*, volume 2843 of *Lecture Notes in Computer Science*, pp.460-467. Springer, 2003.
[184] Rafal Rzepka, Kenji Araki, and Koji Tochinai. Emotional information retrieval for a dialogue agent. *An International Journal of Computing and Informatics: Informatica*, 27:205-212, 2003.
[185] Rafal Rzepka, Kenji Araki, and Koji Tochinai. Five Senses Input Simulation Based on Web Resources. *Technical Report of Language Engineering Community Meeting*, August 2003.
[186] Rafal Rzepka, Toshihiko Itoh, and Kenji Araki. Kenji Araki: Toward Fully Automatic Categorization for Commonsense Processing. *Proceedings of the Language Sense on Computer 2004 - Part of the Eight Pacific Rim International Conference on Artificial Intelligence*, pp.40-46. Lecture Notes in Artificial intelligence LNAI 3157, 2004.
[187] Rafal Rzepka, Toshihiko Itoh, and Kenji Araki. Rethinking Plans and Scripts Realization in the Age of Web-mining. IPSJ SIG Technical Report 2004-NL-162, 2004.
[188] R. Schank and R. Abelson. *Scripts, plans, goals and understanding: An inquiry into human knowledge structures*. Lawrence Erlbaum Associates, 1977.
[189] Koichi Takeuchi, Suguru Tsuchiyama, Masato Moriya, and Yuuki Moriyasu. Construction of argument structure analyzer toward searching same situations and actions. *IEICE technical report. Natural language understanding and models of communication*, 2010.
[190] Joseph Weizenbaum. *Computer Power and Human Reason*. W.H. Freeman and Co., 1976.
[191] 木村泰知，ジェブカ・ラファウ，高丸圭一，「Radiobots 型対話システムの提案」，第 29 回人工知能学会全国大会論文集，2015.
[192] 江守拓哉，Rafal Rzepka，荒木健治，「Blog 記事からの web 検索を用いた俳句の自動生成手法における音響及び画像の有効性」，ことば工学研究会資料，*SIG-LSE-C*001, pp.31-36, 2011.
[193] James Surowiecki. *The Wisdom of Crowds: Why the Many Are Smarter Than the Few and How Collective Wisdom Shapes Business, Economies, Societies and Nations*. Anchor, 2004.
[194] ダニエル・カーネマン（著），村井章子（訳）：『ファスト & スロー（上）：あなたの意思はどのように決まるか？』，早川書房，2012.
[195] ダニエル・カーネマン（著），村井章子（訳）：『ファスト & スロー（下）：あなたの意思はどのように決まるか？』，早川書房，2012.
[196] ミハウ・プタシンスキ，「萌える言語－文字システムに基づくインターネット感情表現がどのようにストレス解消になりえるかについての一つの提案」，日本語・日本文化研修コース研究レポート集，北海道大学留学生センター，pp. 145-163, 2005.
[197] ミハウ・プタシンスキ，「萌える言語．インターネット掲示板の上の日本語会話における感情表現の構造と記号論的機能の分析 ―「2 ちゃんねる」電子掲示板を例として―」，修士論文，アダム・ミツキエヴィッチ大学，2006.
[198] Michal Ptaszynski, Pawel Dybala, Rafal Rzepka and Kenji Araki. An Automatic Evaluation Method for Conversational Agents Based on Affect-as-Information Theory. Journal of Japan Society for Fuzzy Theory and Intelligent Informatics. Special Issue on Emotions, 知能と情報（日本知能情報ファジィ学会誌）特集「感情」, Vol. 22, No. 1 , pp.73-89, 2010.
[199] Michal Ptaszynski, Pawel Dybala, Tatsuaki Matsuba, Fumito Masui, Rafal Rzepka, Kenji

Araki, and Yoshio Momouchi. In the Service of Online Order: Tackling Cyber-Bullying with Machine Learning and Affect Analysis. *International Journal of Computational Linguistics Research*, Vol. 1, Issue 3, pp. 135-154, 2010.

[200] Taichi Yamada, Seiji Tsuchiya, Shingo Kuroiwa, Fuji Ren. Classification of Facemarks Using N-gram, *Proceedings of International Conference on NLP and Knowledge Engineering*, pp. 322-327, 2007.

[201] Michal Ptaszynski, Pawel Dybala, Rafal Rzepka and Kenji Araki. Affecting Corpora: Experiments with Automatic Affect Annotation System - A Case Study of the 2channel Forum -, *Proceedings of The Conference of the Pacific Association for Computational Linguistics (PACLING-09)*, pp. 223-228, 2009.

[202] Michal Ptaszynski, Pawel Dybala, Wenhan Shi, Rafal Rzepka and Kenji Araki. Disentangling emotions from the Web. Applying Web mining to affect recognition from textual input. *Proceedings of The Second International Conference on Kansei Engineering & Affective Systems (KEAS '08)*, pp. 51-56, 2008.

[203] Michal Ptaszynski, Jacek Maciejewski, Pawel Dybala, Rafal Rzepka and Kenji Araki. CAO: A Fully Automatic Emoticon Analysis System Based on Theory of Kinesics. *IEEE Transactions on Affective Computing*, vol. 1, no. 1, pp. 46-59, Jan.-June 2010.

[204] 市村匠，目良和也，「心的状態遷移ネットワークによる感情エージェントの構築」，IEEE SMC Hiroshima Chapter Young Researchers' Workshop proceedings IEEE SMC Hiroshima Chapter 若手研究会講演論文集 (pp. 27-30). IEEE SMC Hiroshima Chapter, 2011.

[205] 長谷川勝行：『日本人の法則』，ヤック企画，1998.

[206] 吉田太輔，德久雅人，岡田直人，「情緒を表す語の概念分析（思考過程の解明へのアプローチ，パネル討論）」，電子情報通信学会秋季大会講演論文集，341-342, 1994.

[207] M. Demeijer. The Contribution of General Features of Body Movement to the Attribution of Emotions. *J. Nonverbal Behavior*, vol. 13, pp. 247-268, 1989.

[208] Newell, Leonard E. A stratificational description of Plains Indian Sign Language. Forum Linguisticum 5: 189-212, 1981.

[209] P. Ekman and W. Friesen. Nonverbal Leakage and Clues to Deception. *Psychiatry*, vol. 32, pp. 88-106, 1969.

[210] R. Walk and K. Walters. Perception of the Smile and Other Emotions of the Body and Face at Different Distances. *Bull. Psychonomic Soc.*, vol. 26, p. 510, 1988.

[211] J. K. Aggarwal, Q. Cai. Human Motion Analysis: A Review. *Computer Vision and Image Understanding*, Vol. 73, No. 3, 1999.

[212] S. Mota and R. Picard. Automated Posture Analysis for Detecting Learner's Interest Level. *Proc. Computer Vision and Pattern Recognition Workshop*, vol. 5, p. 49, 2003.

[213] Pavlovic, Vladimir I., Sharma, Rajeev, Huang, Thomas S. Visual Interpretation of Hand Gestures for Human-Computer Interaction: A Review, *IEEE Transactions on Pattern Analysis and Machine Intelligence*, 1997.

[214] Z. Zeng, M. Pantic, G.I. Roisman, and T.S. Huang. A Survey of Affect Recognition Methods: Audio, Visual, and Spontaneous Expressions. I*EEE Trans. Pattern Analysis and Machine Intelligence*, vol. 31, no. 1, pp. 39-58, 2009.

[215] Darwin, Charles Robert. *The Expression of the Emotions in Man and Animals*, John Murray, 1872.

[216] King, M. M.: Dr. John S. Pemberton. Originator of Coca-Cola. *Pharmacy in history* 29(2), pp. 85-89, 1987.

[217] ジョージ・ミラー（監督），『ロレンツォのオイル／命の詩』（映画），1992.

[218] Moser H.W., Moser A.B., Hollandsworth K., Brereton N.H., Raymond G.V. "Lorenzo's oil" therapy for X-linked adrenoleukodystrophy: rationale and current assessment of efficacy. *J. Mol. Neurosci.*, 33(1), pp. 105-13, 2007.

[219] Ekman, Paul. Facial Expression and Emotion. *American Psychologist* 48(4), pp. 384 - 392, 1993.
[220] Ekman, Paul. Basic Emotions. *Handbook of Cognition and Emotion*, John Wiley & Sons, 1999.
[221] Matsumoto D. and Ekman, P. Japanese and Caucasian facial expressions of emotion (JAC-FEE). Intercultural and Emotion Research Laboratory, Department of Psychology, San Fransisco State University, 1988.
[222] Birdwhistell, R. L. *Kinesics and Context: Essays on Body Motion Communication.* University of Pennsylvania Press, 1970.
[223] Birdwhistell, R. L. The language of the body: The natural environment of words. *Human communication*, pp.203-220, Lawrence Erlbaum. 1974.
[224] FOX 放送局,『ライ・トゥ・ミー 嘘は真実を語る』／『ライ・トゥ・ミー 嘘の瞬間』, アメリカ合衆国, FOX, 2009-2011.
[225] T. Johnstone and K. Scherer. Vocal Communication of Emotion, *Handbook of Emotions*, pp. 220-235, Guilford Press, 2000.
[226] R. Cowie, E. Douglas-Cowie, N. Tsapatsoulis, G. Votsis, S. Kollias, W. Fellenz, and J. Taylor. Emotion Recognition in Human-Computer Interaction. *IEEE Signal Processing Magazine*, vol. 18, no. 1, pp. 32-80, 2001.
[227] Igras, M., & Ziółko, B. Database of emotional speech recordings. Studia Informatica, 34(2B), 67-77, 2013.
[228] Grefenstette, G., Qu, Y., Shanahan, J. G., & Evans, D. A. Coupling niche browsers and affect analysis for an opinion mining. *Proceedings of RIAO-04*, 186-194, 2004.
[229] Elliott, C. The affective reasoner: A process model of emotions in a multi-agent system. Unpublished doctoral dissertation, Northwestern University Institute for the Learning Sciences, 1992.
[230] Liu, H., Lieberman, H., & Selker, T. A model of textual affect sensing using real-world knowledge. *Proceedings of IUI 2003*, pp.125-132, 2003.
[231] Alm, C. O., Roth, D., & Sproat, R. Emotions from text: Machine learning for text based emotion prediction. *Proceedings of HLT/EMNLP*, pp.579-586, 2005.
[232] Aman, S., & Szpakowicz, S. Identifying expressions of emotion in text. *Proceedings of the 10th International Conference on Text, Speech, and Dialogue (TSD-2007)*, LNCS 4629, pp.196-205, Springer-Verlag, 2007.
[233] G. Donato, M. S. Bartlett, J. C. Hager, P. Ekman, and T. J. Sejnowski. Classifying Facial Actions. *IEEE Pattern Analysis and Machine Intelligence*, vol. 21, no. 10, pp. 974-989, 1999.
[234] Russell, J. A. A circumplex model of affect. *Journal of personality and social psychology*, 39(6), 1161, 1980.
[235] Schlosberg H. The description of facial emotion in terms of two dimensions. *Journal of Experimenal Psychology*, 1952.
[236] P. Ekman and W. Friesen. *Facial Action Coding System: A Technique for the Measurement of Facial Movement: Investigator's Guide 2 Parts.* Consulting Psychologists Press, 1978.
[237] Schlosberg, H. Three dimensions of emotion. *Psychological Review* 61: 81-8, 1954.
[238] 『広辞苑(第五版)』, 岩波書店. 1998.
[239] Tsuchiya, S., Yoshimura, E., Watabe, H., & Kawaoka, T. The method of the emotion judgment based on an association mechanism. *Journal of Natural Language Processing*, 14(3), 219-238, 2007.
[240] Tokuhisa, R., Inui, K., & Matsumoto, Y. Emotion classification using massive examples extracted from the web. *Proceedings of Coling*, 881-888, 2008.
[241] Shi, W., Rzepka, R., & Araki, K. Emotive information discovery from user textual input using causal associations from the internet [In Japanese]. *Proceedings of, FIT2008*, 267-268, 2008.

[242] Everly, George S. Jr., Rosenfeld, Robert. The Nature and Treatment of the Stress Response. *A Practical Guide for Clinicians*, Plenum Press, 1981.
[243] Argyle, Michael. *The Psychology of Interpersonal Behaviour*, Penguin, UK, 1994.
[244] Yik, Michelle S. M., Russell, James A., Suzuki Naoto. Relating momentary affect to the five factor model of personality: A Japanese case. *Japanese Psychological Research*, Volume 45, No. 2, 80-93, 2003.
[245] Nosek, B. A., Graham, J., Lindner, N. M., Kesebir, S., Hawkins, C. B., Hahn, C., Schmidt, K., Motyl, M., Joy-Gaba, J . A., Frazier, R., & Tenney, E. R.: Cumulative and career-stage impact of socialpersonality psychology programs and their members. *Personality and Social Psychology Bulletin*, 36, 1283-1300, 2010.
[246] Plutchik, R.: A general psychoevolutionary theory of emotion. *Emotion: Theory, research, and experience: Vol. 1. Theories of emotion*, pp. 3-33, Academic, 1980.
[247] Strazny, Philipp (eds). *The Encyclopedia of Linguistics*, Taylor & Francis Books, 2005.
[248] 亀井孝, 河野六郎, 千野栄一:『言語学大辞典（第六巻）』, 三省堂, 1996.
[249] Szopski, Marek. Komunikowanie międzykulturowe, Warszawa. Wydawnictwa Szkolne i Pedagogiczne, 2005.
[250] P.N. Juslin and K.R. Scherer. Vocal Expression of Affect. *The New Handbook of Methods in Nonverbal Behavior Research*, Oxford University Press, 2005.
[251] 松村明（監修）, 小学館国語辞典編集部（編）:『大辞泉（第二版）』, 小学館, 2012.
[252] Ortony, A., Clore, G.L., & Collins, A. *The cognitive structure of emotion*. Cambridge University Press, 1988.
[253] Karl Fua, Ian Horswill, Andrew Ortony and William Revelle. Reinforcement Sensitivity Theory and Cognitive Architectures, Biologically Inspired Cognitive Architectures II. *Papers from the AAAI Fall Symposium (FS-09-01)*, 2009.
[254] Perloff, R.; Sternberg, R.J.; Urbina, S. *Intelligence: knowns and unknowns*. American Psychologist, 1996.
[255] 中村明:『感覚表現辞典』, 東京堂出版, 1995.
[256] 中村明:『感情表現辞典』, 第10刷, 東京堂出版, 2004.
[257] Gottfredson, L.S. Foreword to "intelligence and social policy". *Intelligence*, 24(1): 1-12, 1997.
[258] Payne, W.L. A study of emotion: developing emotional intelligence; self integration; relating to fear, pain and desire. *Dissertation Abstracts International*, 47, 1983/1986.
[259] Salovey, P., Mayer, J.D. Emotional intelligence. Imagination, *Cognition, and Personality* 9(3): 185-211, 1989.
[260] Gardner, Howard. *Frames of mind: The theory of multiple intelligences*. Basic Books, 1983.
[261] John D. Mayer and Peter Salovey. What is emotional intelligence?, *Emotional Development and Emotional Intelligence*, 3-31, 1997.
[262] Goleman, D.: *Emotional Intelligence -Why it can matter more than IQ*. Bantam Books, Inc., 1995.（邦訳:『EQ こころの知能指数』, 講談社, 1996.）
[263] Izard, E. *Human Emotions*. Plenum Press, 1977.
[264] Frijda, N. H. *The Emotions*. Cambridge University Press, 1987.
[265] Schwarz, N. Emotion, cognition, and decision making. *Cognition and Emotion*, 14(4), 433-440, 2000.
[266] Majewicz, Alfred F.: Jezyki świata i ich klasyfikowanie. Warszawa: PWN, 1989.
[267] Botha, R. and C. Knight (eds). *The Cradle of Language*. Oxford University Press, 2009.
[268] Picard, Rosalind W. Affective Computing. *MIT Technical Report*, #321, 1995.
[269] Picard, Rosalind W. *Affective Computing*. MIT press, 1997.
[270] Bas R. Steunebrink, Mehdi Dastani, John-Jules Ch. Meyer. Emotions as Heuristics in Multi-Agent Systems. *Proceedings of the 1st Workshop on Emotion and Computing*, pp. 15-18, 2006.
[271] N. Bostrom. *Superintelligence: Paths, Dangers, Strategies*. Oxford University Press, 2014.

[272] Rafal Rzepka and Kenji Araki. What statistics could do for ethics? - the idea of common sense processing based safety valve. *Papers from AAAI Fall Symposium on Machine Ethics, FS-05-06*, pp.85- 87, 2005.
[273] 金田一京助：『新明解国語辞典（第四版）』，三省堂書店，1997.
[274] マーヴィン・ミンスキー（著），竹林洋一（訳）：『ミンスキー博士の脳の探検 ―常識・感情・自己とは―』，共立出版，2009.

索　引

【アルファベット】
AGI　20
AI完全問題　117
BOKE　121
B級機関　121
CAOシステム　79, 81
CLARION　163
ConceptNet　143, 146
Cyc　143
DeepBlue　2
ELIZA　36, 46, 48, 147
ELIZA型応答　49
EQ（感情知能指数）　69
FACS　73
GA-IL　38
GA-ILSD　24, 33, 37, 39
GenEth　92
GENTA　146, 147, 149
IDA　162
if-thenルール　144
IQ（知能指数）　69
JAPEシステム　119, 121
linguistic humor　115
Maru-chan　131
MAS-Punda　133
MedEthEx　93
ML-Ask感情認識システム　79, 129
Modalin　127, 129, 150
NELL　143, 144
OCC感情モデル　66
OMCS（Open-Mind Common Sense）　78, 143
PARRY　37
pun　115
Pundalin　127, 128, 129, 130
Pundaシステム　125, 127, 132
SeGA　39, 41
SeGA-IL　47, 49, 51
SeGA-ILSD　39, 47, 51
SeGA-IL型応答　49
STANDUP　119
TARS　114

Truth-Teller　94
universal grammar　23
Wikipedia　150
WordNet　149, 150

【ア行】
アウェアネス　159
アフェクティブ・コンピューティング（Affective Computing）　69, 70
安全装置　85
アンダーソン, J. R.　23
アンダーソン（夫妻）　91
イギリス功利主義　88
意見抽出　143
意識　4, 17, 19, 155-170, 171
　　——の統合情報理論　160
　　——の流れ　164
　　——のハード・プロブレム　159, 160
一応の義務　92
遺伝的アルゴリズム　37
因子分析　62
宇宙派　163
運動・身体的知能　68
エクマン, P.　58, 59, 60
　　——の基本感情　58
応答精度　50
雄ルール　43
オピニオンマイニング　143
音楽的知能　68

【カ行】
快苦の評価基準　98
顔の動作記述システム　73
顔の表情処理　73
顔の表情認識　76
顔文字解析システム　79, 81
カーネマン, D.　153
感情　5, 6, 9, 35, 54, 111, 171
　　——解析　72, 77, 79
　　——極性解析　78
　　——合成・シミュレーション　71

――処理　10, 53, 69, 70, 96
　　――的知性　67, 68, 69
　　――的反応セット　105
　　――認識　10, 76
　　――生成　10
　　――認知　72, 118
　　――認知・解析　71, 79
　　――認知システム　133
　　――の円環モデル　61
　　――の定義　54
　　――理論　10
機械学習　18, 157
機械倫理学　11
キネシクス　58
帰納的学習　37, 41, 43
帰納論理　93
基本感情　59
義務論理　92, 93
鏡像認知　165
共通意識　164
空間的知能　68
クオリア　159, 161
グローバルワークスペース説　162
形態素解析　40
言語　6, 35, 115
　　――獲得　22, 29, 51
　　――獲得システム　28, 36
　　――獲得能力　23, 37, 51
　　――的ユーモア　115
　　――的知能　68
　　――能力　7
　　――遊戯　115
　　――理解　8
言語菌　146, 149
原子力　85
交叉　43
功利主義理論　92
心　4, 155
　　――を持つ人工知能　166, 171
言葉遊び　115
ことわざジョーク　122
コモンセンス　140, 142, 153
コールバーグの理論　97

【サ行】

最大多数の最大幸福　88
雑談　8, 36
　　――システム　36, 111
サバン　24
　　記憶――　25
　　言語――　24
サール, J.　161
サロベイ, P.　68
自我　4, 17, 19, 155-170, 171
　　制限つきの――　158
自己犠牲　35
自己認識　159, 161, 165, 166
姿勢・ジェスチャー　76
姿勢認識　76
自然言語処理　77
自然選択説　32
自然・博物的知能　68
シチュエーション・ユーモア　114
質問応答　8
自動運転　85
自動倫理判断　96
自動倫理判断システム　100, 102
社会的直観者　105
修辞疑問文　14
シュロスバーグの2次元感情モデル　62
常識　6, 15, 140
　　――獲得　138, 143
　　――データベース　143
　　――の理解　117
自律性　160
事例にもとづく推論　92
シロッコ（SIROCCO）　95
進化論　32
シンギュラリティ　3, 20
人工意識　159
人工意識システム　161
人工生命　167
人工知能　1, 3, 11, 12, 19, 86, 109, 142, 155, 171
数学・論理的知能　68
スクリプト　148
生成文法　23, 24
性選択理論　34
性淘汰　35
性淘汰理論　39, 43
セルフアウェアネス　159
装飾　43

【タ行】

対人的知能　68
ダーウィン, C.　34, 56
　　――の感情論　56
　　――の進化論　32, 34

他我問題　5
駄洒落　109, 115, 117, 138
駄洒落生成システム　125
脱獄　90
ダートマス会議　18
地球派　163
抽象的なユーモア　115
チューリングテスト　5, 6
超人工知能　13, 86, 172
チャットボット　117
チョムスキー, A.N.　23
ディープラーニング　18, 157
適応度　45
データベースジョーク　122
統合情報理論　160
淘汰　43
淘汰処理　44
道徳的美徳　92
突然変異　43

【ナ行】
内省的知能　68
中村の感情表現辞典　79
謎々ジョーク　122
認知アーキテクチャ　146
認知バイアス　86
能動的学習　19, 166, 169

【ハ行】
バイアス　29
　　事物カテゴリー──　30
　　全体──　30
　　──モデル　29
ハッキング　89, 172
パブロフ, I.　70
パブロフの犬　70
パラランゲージ　74
汎心論　161
ハンディキャップ理論　33
汎用人工知能　20, 140, 163
ピカード, R.W.　70
ビジュアル・ユーモア　114
非タスク指向型対話システム　125
非単調論理　93
皮肉　14
比喩　14
評判解析　78
ビンステッド, K.　118
副言語　74

普遍文法　23, 24
プルチック, R.　63
　　──の感情の輪　63
　　──の感情モデル　64
フレーム問題　142
フロイト, S.　57
ベンサム, J.　88
　　──の幸福計算　96

【マ行】
マッカーシー, J.　147
漫才生成システム　122
漫才ロボット　123
ミュージカル・ユーモア　114
ミラー, G.　32
ミラーニューロン　106
ミンスキー, M.　147
メイヤー, J.D.　68
雌ルール　43
メタ学習　19, 167, 169
モラル判断プロセス　96

【ヤ行】
ユーモア　4, 6, 13, 111
　　──処理　109, 116, 118, 136
　　──生成　116
　　──認識　116
　　──理解　116
予測論理　93

【ラ行】
ラッセル, A.J.　61
　　──の円環モデル　60, 61, 79
良心回路　84
倫理　6, 10
　　──回路　13, 173
　　──観　12, 84
　　──計算　160
　　──の獲得　84
レストラン・スクリプト　148
連続未使用回数　45
ロイ, D.　28
ロボット工学三原則　11
ロボット漫才　122
ロボット倫理学　11, 84, 173
　　──の現状　91

【ワ行】
ワトソン　2, 107

著 者 略 歴

荒木　健治（ARAKI Kenji）
 1982 年　北海道大学工学部電子工学科卒業
 1988 年　北海道大学大学院工学研究科電子工学専攻博士後期課程修了
    　北海学園大学工学部電子情報工学科助手
 1998 年　北海学園大学工学部電子情報工学科教授
    　北海道大学大学院工学研究科電子情報工学専攻助教授
 2004 年　北海道大学大学院情報科学研究科メディアネットワーク専攻教授
    　現在に至る．工学博士．
    　自然言語処理，人工知能の研究に従事．とくに，形態素解析，
    　言語獲得，機械翻訳，対話処理などの研究を行ってきた．

ジェプカ・ラファウ（RZEPKA Rafal）
 1999 年　ポーランド国立ポズナン大学言語学研究科修士課程修了
 2001 年　小樽商科大学社会情報学部で認知言語学の研究に従事
 2004 年　北海道大学大学院工学研究科電子工学専攻博士課程修了
    　北海道大学大学院情報科学研究科メディアネットワーク専攻助手
 2007 年　北海道大学大学院情報科学研究科メディアネットワーク専攻助教
    　現在に至る．博士（情報科学）．
    　常識的知識獲得，感情処理，マシン倫理学，集合知などの研究に従事．
    　安全な人工知能の構築を目指している．

プタシンスキ・ミハウ（PTASZYNSKI Michal）
 2006 年　ポーランド国立ポズナン大学日本学科卒業
 2010 年　北海道大学大学院情報科学研究科博士後期課程修了
    　日本学術振興財団研究員
 2012 年　北見工業大学非常勤研究員
 2013 年　北見工業大学大学工学部助教
    　現在に至る．博士（情報科学）．
    　自然言語処理，とくに感情処理の研究に従事．

ディバワ・パヴェウ（DYBALA Pawel）
 2006 年　ポーランド国立クラクフ・ヤギェウォ大学で日本語学科修士取得
 2010 年　北海道大学情報科学研究科メディアネットワーク専攻博士課程修了
 2014 年　ポーランド国立クラクフ・ヤギェウォ大学中東極東研究科助教授
    　現在に至る．博士（情報科学）．
    　専門は人工知能，自然言語処理，ユーモア処理，比喩処理，認知科学など．

編集担当	丸山隆一（森北出版）
編集責任	上村紗帆・富井　晃（森北出版）
組　　版	創栄図書印刷
印　　刷	同
製　　本	同

心を交わす人工知能 　―言語・感情・倫理・ユーモア・常識―
© 荒木健治／ジェプカ・ラファウ／プタシンスキ・ミハウ／ディバワ・パヴェウ 2016

2016年6月20日　第1版第1刷発行　【本書の無断転載を禁ず】

著　者	荒木健治／ジェプカ・ラファウ／ プタシンスキ・ミハウ／ディバワ・パヴェウ
発行者	森北博巳
発行所	森北出版株式会社

東京都千代田区富士見1-4-11（〒102-0071）
電話 03-3265-8341／FAX 03-3264-8709
http://www.morikita.co.jp/
日本書籍出版協会・自然科学書協会　会員
JCOPY ＜（社）出版者著作権管理機構　委託出版物＞

落丁・乱丁本はお取替えいたします．

Printed in Japan／ISBN978-4-627-81801-9

図書案内　森北出版

自然言語処理ことはじめ
言葉を覚え会話のできるコンピュータ

荒木健治／著
A5判・160頁
定価(本体2200円＋税)
ISBN978-4-627-82851-3

会話ができるコンピュータをつくるには？コンピュータに文の意味を理解させるには？親しみやすい身近な例を切り口に，初学者を自然言語処理へ誘う入門書．

―― 目次 ――
第1章 言葉をコンピュータで扱う方法
第2章 コンピュータが言葉を覚える方法
第3章 コンピュータで文章から単語を取り出す方法
第4章 コンピュータが読みを漢字に変換する方法
第5章 コンピュータで文の構造を解析する方法
第6章 コンピュータで文の意味を理解する方法
第7章 コンピュータで翻訳する方法
第8章 コンピュータが対話できるようになる仕組み
第9章 コンピュータはどこまで赤ちゃんに近づけたのか？

ホームページからもご注文できます
http://www.morikita.co.jp/